Ich widme dieses Buch in Liebe, Leidenschaft und Begeisterung –
mir selbst

Inhaltsverzeichnis

Auf zum Erfolg – herzlich gern   6

Die 16 Erfolgsfaktoren   11

  1. Die totale Verantwortung gegenüber dem eigenen Leben   17
  2. Die Bereitschaft, Risiken einzugehen   19
  3. Durchhaltevermögen und Geduld   23
  4. Innere Stärke und Kraft   27
  5. Der Wunsch und der Wille, Erfolg erreichen zu wollen   31
  6. Ein klarer Verstand gepaart mit Liebe und Leidenschaft   33
  7. Lernbereitschaft und Mut   35
  8. Die Bereitschaft, den Preis für den Erfolg zu bezahlen   41
  9. Die Fähigkeit, Entscheidungen zu treffen   41
 10. Tun – das „rechte Handeln"   46
 11. Selbstvertrauen und Geisteshaltung   48

12. Kompromisslos für seine Werte einzustehen — 55
13. Die Fähigkeit, Vereinbarungen einzuhalten — 57
14. Die Fähigkeit der Flexibilität — 60
15. Die Fähigkeit der inneren Lebensfreude — 64
16. Ein Bewusstsein für den eigenen Wert — 67

Die bittere Seite des Erfolgs — 69

Erfolg und zufriedene Menschen — 84

Die vier verschiedenen Arten des Erfolgs — 94

Zusammenfassung — 98

Gutschein — 101

Quellenverzeichnis — 103

Auf zum Erfolg – herzlich gern

„Wenn sich deine Wahrnehmung verändert, verändert sich dein ganzes Leben, und Wunder sind möglich."

Daniela C. Szasz

Und damit herzlich willkommen zu Band 1 der „Go4Values"-Serie. Hier geht es nicht nur um irgendeine oberflächliche Art von Erfolg, der eine Säule meiner Marke „Go4Values" ist, sondern zum einen auch um den Mut, die richtigen Entscheidungen zu treffen, und zum anderen um die Authentizität deines Seins.

Wir müssen den Mut haben, Entscheidungen, die vom Leben täglich gefordert werden, zu treffen, ohne dabei uns „selbst aufzugeben". Wer sich dem widersetzt, verhält sich häufig wie der Mann, der im Schein der Straßenlaterne auf den Knien herumrutscht. Ein Fremder

Der bittersüße Erfolg

kommt vorbei und fragt: „Suchen Sie etwas?" „Ja", sagt der Suchende, „ich habe meinen Haustürschlüssel verloren. Nun komme ich nicht ins Haus." „Ich helfe suchen, bekanntlich sehen zwei Paar Augen mehr als ein Paar", bietet sich der Fremde an. Nun rutschen beide auf Knien im grellen Schein der Straßenlaterne, fündig werden sie nicht. Der Fremde steht auf und fragt nochmals nach: „Wo genau haben Sie den Schlüssel verloren?" „Dahinten, vor meiner Garage!", antwortet der Befragte. „Wie, dahinten?", fragt der Fremde irritiert. „Wenn Sie Ihren Schlüssel dort verloren haben, warum suchen Sie ihn dann hier?" Darauf sagt der Mann, der noch immer auf Knien hockt: „Ganz einfach, hier im Schein der Laterne kann ich ihn doch leichter finden."

Du weißt, wie lächerlich dieses Verhalten ist, und doch steht diese Anekdote exemplarisch für vieles. Statt an den richtigen Stellen die Fragen rund um das Leben zu stellen, bewegen wir uns weit abseits in der Hoffnung, der „helle Schein" werde es schon richten. Und so fragen wir in schwierigen Situationen ausgerechnet die Menschen aus unserem direkten Umfeld, weil sie uns vertraut sind. Nicht aber, weil sie über das richtige Wissen verfügen. Auf die Idee, die Personen zu befragen, die aufgrund ihrer eigenen Erfahrungen geradezu berufen sind, unsere Fragen qualifiziert zu beantworten, kommen die wenigsten.

In der Theorie sind wir fast alle Experten. Da sind wir theoretisch in der Lage, auf den Mond zu fliegen, auf den tiefsten Grund des Meeresbodens zu tauchen und auf den höchsten Berg zu klettern. Zudem haben wir auf alles eine Antwort. Theoretisch eben.
Doch zwischen Theorie und Praxis liegt die Realität, die viele nicht erkennen, so wie zu allen Zeiten.

Als im Jahr 1866 der Bau der Eisenbahn quer durch den amerikanischen Kontinent fertig gestellt worden war, betrachteten einige Bauern in Iowa, wie diese dampfenden Ungetüme über ihre Felder fuhren und Waggons voller städtisch gekleideter Herrschaften hinter sich herzogen. Die einen ärgerten sich, dass sie ihr Land viel zu billig abgegeben hatten, nachdem die Eisenbahnen ja offensichtlich ein riesiges Geschäft waren. Die anderen bedauerten neidvoll, dass die Trasse nicht über ihr Land gelegt worden war und sie leer ausgegangen waren. Wieder andere betrachteten die Schienen und Züge und dachten: „Was soll diese ganze Aufregung um die Eisenbahn?" Was die wenigsten von ihnen sahen, war, dass sie ihren Mais und alles, was sie sonst noch produzierten, um ein Vielfaches schneller auf die weit entfernten Märkte liefern konnten. Viele scheuten vor dieser Möglichkeit zurück, weil sie die Konkurrenz fürchteten, auf die sie dort trafen. Dass die Möglichkeit, den Kontinent in weniger als einer Woche zu durchqueren, den Handel insgesamt ankurbelte, dass sich Menschen in nie gekannter Weise begegnen und Ideen austauschen konnten und so der riesige Kontinent allmählich zu einer Nation zusammenwuchs – das erkannten viele erst im Laufe der Zeit.

Wer wissen will, wie man ein Brot backt, fragt einen guten Bäcker. Wer eine gute Suppe kochen möchte und dem das Wissen dazu fehlt, der fragt einen guten Koch. Wer wissen will, wie man Kinder richtig erzieht, fragt eine leidenschaftliche und hingebungsvolle liebevolle Mutter. Darin sind z. B. meine Oma und meine Schwägerin Laura Expertinnen. Wer wissen will, wie man Erfolg aufbaut, fragt einen erfolgreichen Menschen. Wer das Leben in all seinen Facetten, von Erfolg über Geld bis hin zu den geistigen Höhen, verstehen und auch für sich selbst haben will, fragt mich. Genau deshalb habe ich diese Bücher, der „Go4Values"-Serie geschrieben.

Mein Ebook, davon gehe ich aus, hast du ja schon gelesen. Wenn nicht, dann kannst du es dir hier kostenlos herunterladen:

www.danielaszasz.com

Wenn du lieber hören als lesen magst, kannst du dieses Ebook auch als kostenpflichtiges Hörbuch oder als gedruckte Version bekommen. Schaue einfach auf meine Internetseite. Da erfährst du mehr. So bekommst du bereits einen ersten Eindruck von mir und meinen Erfahrungen, an denen ich dich gern teilhaben lassen möchte. Das aus gutem Grund, denn der chinesische Philosoph Konfuzius beschrieb schon vor mehr als 2500 Jahren:

> *„Der wahrhaft Edle predigt nicht, was er tut, bevor er nicht getan hat, was er predigt."*

Alles was ich dir erzähle und was ich hier schreibe ist das Ergebnis meiner gemachten Erfahrungen und Beobachtungen. Ich erhebe nicht den Anspruch auf vollständige, ausschließliche Wahrheit. Definitiv aber ist es zu dieser Zeit meine vollständige Wahrheit, die die „Go4Values"-Serie gestaltet. Der Inhalt wird vielleicht zum Teil deine aktuelle Sicht auf gewisse Dinge verändern oder sie zumindest in Frage stellen. Vertrau dir in diesen Momenten, es sind wichtige Aspekte auf deinem Weg.

Ich hoffe sehr, dass du die vielen Anregungen, Tipps, wertvollen Informationen und neuen Ideen aus der „Go4Values"-Serie anwenden kannst. Das ist wichtig, denn sie alle stehen für das, was ein wahrhaft erfolgreiches Leben ausmacht. Mir ist dein persönlicher Erfolg wichtig. Du kannst diesen schneller erreichen als ich damals, weil du die Fehler, die ich aus Unwissenheit machte, nicht mehr zu machen brauchst. Meine Bücher aus dieser Serie helfen dir, diese zu vermeiden. Was nicht heißt, dass du keine Fehler mehr machen wirst.

Sieh darin nicht einen „Fehler". Das negativ besetzte Wort trifft die Sache nicht ganz. Sieh in ihnen nur Stolpersteine auf dem Weg zum Ziel. Auch ich ging manchmal aus Unwissenheit zwei Schritte vor und einen zurück. Und doch kam ich ans Ziel. Es hat nur manchmal länger gedauert und war auch anstrengender. Genau diese Erfahrungen möchte ich mit dir teilen. Du wirst deine eigenen machen, doch durch diese Lehreinheit kannst du dir die eine oder andere „überflüssige" Erfahrung ersparen. Das spart nicht nur Zeit und Geld, sondern auch unnötige „Enttäuschungen". Zudem kletterst du auf der Lebens-Erfolgsleiter viel schneller nach oben.

Wenn du bereit bist, dich auf das Thema Erfolg einzulassen, kann es losgehen mit dieser ersten Lektion, die, wie erwähnt, ganz im Zeichen von Erfolg steht.

Verehrte Leserinnen, bitte seht es mir nach, dass ich in diesem Buch aus Gründen der besseren Lesbarkeit ausschließlich männliche Substantivformen verwandt habe. Ansonsten hat es keine Bedeutung.

In diesem Sinne freue ich mich auf eine gemeinsame Zeit mit dir. Herzliche Grüße aus dem sonnigen Spanien.

Deine
Daniela C. Szasz

Nach dem E-Book ist diese Lehreinheit gleichzeitig auch das erste Buch meiner zukünftigen Bücherreihe. Ich habe mich bewusst für das Thema Erfolg entschieden. Auch oder gerade weil es schon unzählige Erfolgsbücher gibt, von denen ich viele gelesen habe. Nach mehr als 17 Jahren Erfahrung im „Lernen, Lesen und Tun" kann ich heute mit Fug und Recht sagen, dass der Inhalt vieler Erfolgsbücher unvollständig, nichtssagend und ohne Gefühl geschrieben ist. Mein „Erfolgsbuch" ist nicht als ein Mainstream einer Bücherreihe gedacht. Es wird dir auch nicht noch mehr darüber erzählen, wie easy es doch ist, Erfolg zu erreichen. Auch findest du hier keine Aussagen, dass doch jeder, der erfolgreich sein will und es sich nur genügend vorstellen kann, dies auch erreichen wird. Auf diese Illusion sind schon viel zu viele ratsuchende Leser hereingefallen, die nach der Lektüre deprimiert in ihrem Kämmerlein saßen und sich von Selbstvorwürfen zerfressen ließen.

Ich selbst habe jahrelang diese Art von Erfolgsbüchern geradezu verschlungen. Angefangen hat es bei mir im 22. Lebensjahr. Die Autoren schrieben ausnahmslos im Superlativ. Keiner von ihnen erwähnte nicht einmal ansatzweise die negative Seite, die auch zum Erfolg gehört. Genau aus diesem Grund schreibe ich dieses Buch, um dir auch diese andere Seite des Erfolges zu zeigen. Eine Seite, die nicht verschleiert werden darf. Sie ist ebenso Teil der Wirklichkeit wie der Erfolg an sich.

Würden wir in einer Welt der Giganten, Genies und Göttermenschen leben, gäbe es diese andere Seite wohl nicht. Dann könnte nämlich jeder das tun, was er am besten kann, bzw. könnte er seine einzigartige Fähigkeit ausleben. Weil wir in einer polaren Welt leben, also in einer Welt der Gegensätze, gibt es neben erfolgreichen Menschen auch Menschen, die voller Angst, Neid, Gier und Schuldgefühlen stecken, was den Erfolg stark erschwert. Deshalb wäre es äußerst dumm, diese andere Seite zu ignorieren. Solange wir in dieser Welt leben, die so ist wie sie ist, gehören zum Erfolg beide Seiten.

Der bittersüße Erfolg

Aus diesem Grund möchte ich dir gleich zu Beginn Folgendes sagen:

Erfolg kann und wird nicht jeder erreichen!

Ich wiederhole:

Nicht jeder kann und nicht jeder wird Erfolg erreichen!

Auch wenn dir diese Feststellung wie ein Schlag ins Gesicht vorkommt, weil du bisher etwas anderes geglaubt hast, so muss ich dir offen sagen, dass genau das meine Absicht war. Nicht direkt, um dir „wehzutun", sondern um dich zu erwecken. So bringe ich dich nämlich dazu, zum einen die „Wahrheit" zu erkennen, zum anderen zukünftig noch gründlicher über deinen Erfolg nachzudenken. Auf den folgenden Seiten werde ich dir meine Sicht der Dinge darlegen, sodass du anschließend die Möglichkeit hast, noch einmal selbst, vielleicht auf eine vollständig neue Art, darüber nachzudenken.

In aller Bescheidenheit: Ich bin geradezu prädestiniert, darüber zu schreiben, weil ich nicht nur mehr Erfolge aufgebaut habe als viele andere in meinem Alter, sondern im Besonderen, weil diese Erfolge unter sehr schwierigen Umständen zustande gekommen sind. Du hast in meinem Ebook einen Teil meiner Vita gelesen und kannst dir sicher ein Bild machen, wie alles leibhaftig ausgesehen hat. Deshalb werde ich dir nicht nur die schöne Seite des Erfolges beschreiben und zeigen, sondern, wie erwähnt, auch seine hässliche und traurige.

Trotzdem stehe ich für Erfolg im Leben ein, weil es etwas Wunderschönes und Erfüllendes ist, wenn du verstehst, was um dich herum geschieht.

Vor vielen Jahren, als ich mich selbstständig machte, hatte ich nichts anderes als den inneren Wunsch, Erfolg zu haben. Ich war bereit, **alles dafür zu geben** und immer wieder ein Risiko einzugehen. Es hat viele Jahre gedauert, bis ich das, was um mich herum geschehen ist, vollständig verstand. In meiner Naivität sah ich jeden gutverdienenden, erfolgreichen Menschen als einen Halbgott an, ohne damals unterscheiden zu können, ob es ein wirklich erfolgreicher Mensch war oder ob er einfach nur irgendwie viel Geld verdiente, egal ob es durch seine Leistung war oder nicht. Heute weiß ich es. Ich fand heraus, dass es mindestens eines starken Charakters und eines sehr klaren Verstandes bedarf, um wirklich erfolgreich zu sein bzw. zu werden. Ich unterscheide **vier Arten** von **Erfolg**:

1. Erfolg, der aus eigener Kraft, reiner Willensstärke, Mut und unabhängig von Widrigkeiten aufgebaut wurde

2. ererbter Erfolg, der aber durch Wachsen und Vermehren weitergeführt wurde

3. manipulierter, kopierter und bewusst gestohlener Erfolg

4. unbewusster „*Zufallserfolg*"

Zu Punkt 1 meiner Aufzählung ist zu ergänzen, dass es hier bei den erfolgreichen Menschen folgende Unterschiede gibt:

1. Menschen, die Erfolg immer wieder generieren können, selbst wenn sie zwischendurch mal alles verloren haben,

    und

2. Menschen, die den Erfolg nicht halten bzw. wiederaufbauen können. Das trifft häufig auf die zu, die zu schnell zu großem Erfolg kamen und unter diesem Erfolgsdruck „kaputtgingen". Sie haben es nicht gelernt, damit umzugehen, weil es ihnen an der notwendigen Reife fehlte. So ging es einigen bekannten Stars.

Du siehst, Erfolg ist nicht unbedingt gleich Erfolg. Zumindest nicht für mich!

Der bittersüße Erfolg

Ohne den Inhalt vorgreifen zu wollen, möchte ich an dieser Stelle schon erwähnen, was ich unter wirklich wahrhaftigem Erfolg **nicht** verstehe: den manipulierten, gestohlenen Erfolg (siehe Punkt drei obiger Aufzählung). Das ist für mich kein wahrer Erfolg. Trotzdem gibt es ihn sehr viel häufiger, als du es vielleicht wahrhaben willst. Wir werden im späteren Verlauf noch darauf zurückkommen. Nun wollen wir uns anschauen, was es für den **wahren Erfolg** wirklich bedarf. Die aufgelistete Reihenfolge spielt keine übergeordnete Rolle. Alle Punkte sind gleich wichtig.

Nach meiner Erfahrung sind es folgende:

1. die totale Verantwortung gegenüber dem eigenen Leben und dem eigenen Erfolg

2. die Bereitschaft, Risiken einzugehen

3. Durchhaltevermögen und Geduld

4. innere Stärke und Kraft

5. der Wunsch und der Wille, Erfolg erreichen zu wollen

6. ein klarer Verstand, gepaart mit Liebe und Leidenschaft zum Tun

7. Lernbereitschaft und Mut

8. die Bereitschaft, den Preis für den Erfolg zu bezahlen

9. die Fähigkeit, Entscheidungen zu treffen

10. Tun – das rechte Handeln und Fleiß

11. Selbstvertrauen und Geisteshaltung

12. kompromisslos für seine Werte einzustehen

13. die Fähigkeit, Vereinbarungen einzuhalten

14. die Fähigkeit der Flexibilität

15. die Fähigkeit der inneren Lebensfreude

16. ein Bewusstsein für den eigenen Wert und die Fähigkeit, dies einzufordern

1. Die totale Verantwortung gegenüber dem eigenen Leben und dem eigenen Erfolg

Was genau ist mit dieser Forderung gemeint?

Es bedeutet zuallererst, dass du dir deine aktuelle Lebenssituation einmal gründlich ansiehst. Sieh genau hin, ohne sie dir schönzureden.

Als Nächstes musst du den Ist-Zustand akzeptieren, völlig egal wie deine aktuellen Umstände und deine Ausgangssituation auch sein mögen, ob gut, weniger gut oder sogar katastrophal. Akzeptiere, was und wie es ist.

Noch einmal:
Es bedeutet nicht, dir alles schönzureden oder zu hadern und in Selbstmitleid zu verfallen. Auch darfst du dich nicht selbst bedauern, wie schwer du es doch hast. Wenn doch, dann kannst du es gerne 5 Minuten lang tun, wenn du der Meinung

bist, dass es dich erleichtert. Anschließend jedoch schau zu, dass du die Situation, so wie sie ist – **für den Moment** –, akzeptierst. Anders ausgedrückt: Nimm sie an.

Akzeptieren bedeutet in diesem Fall keinesfalls aufgeben oder resignieren! Es bedeutet, dir vollständig bewusst zu werden, wo du gerade stehst, ohne zu versuchen, es positiv zu sehen etc. Nicht mehr und nicht weniger. Wenn du magst, kannst du zur Unterstützung gerne deine aktuelle Ist-Situation aufschreiben für einen besseren Überblick.

Nachdem du dir über deine Situation klar geworden bist und diese für den Moment vollständig akzeptierst, geht es als Nächstes darum, die volle Verantwortung dafür zu übernehmen, dass du genau da stehst, wo du jetzt stehst. Wenn dir dies ebenfalls gelingt, kannst bzw. musst du dich im nächsten Schritt entscheiden, **die volle Verantwortung für deinen weiteren Erfolg zu übernehmen – mit allen Konsequenzen.**

2. Die Bereitschaft, Risiken einzugehen

Nun geht es darum, bereit zu sein, Risiken für deinen Erfolg bzw. für das, was du dir wünschst, einzugehen. Du willst zum Beispiel zunächst in einem Bereich deines Lebens Erfolg haben. Dann ist es wichtig, sich für genau diesen Bereich mit dem „richtigen" Werkzeug, gleich welcher Art, auszustatten. Wenn du zum Beispiel eine Bäckerei eröffnen willst, dann suchst du dafür die Räumlichkeiten und kaufst das nötige Werkzeug ein, damit du unter anderem das Brot backen kannst. Oder du strebst einen höheren Posten in deiner Firma an. Dann fange an und arbeite hier jeden Tag eine Stunde länger. Du kannst dir auch Verbesserungsvorschläge einfallen lassen, die für die Firma von großem Nutzen sind. Ergibt sich die Gelegenheit, stellst du diese deinem Chef vor. Mit diesem Verhalten zeigst du deinem Chef:

    a) Interesse und
    b) die Bereitschaft, mehr Verantwortung zu übernehmen.

Hierbei fällt mir ein Beispiel von meinem Bruder Ricky ein. Er war 14 Jahre lang, inklusive seiner dreijährigen Ausbildungszeit, in derselben Firma tätig. Leider hatte er, so wie ich, die Schule „nur" mit der mittleren Reife abgeschlossen. Zusätzlich hatte er aber noch eine abgeschlossene Ausbildung als Mechaniker in der Tasche. Seiner Firma war er in all den Jahren loyal und treu ergeben. Nun wollte er gerne zum Meister aufsteigen. Teamleiter war er bereits, und der Meister ließ ihn in seiner Abwesenheit sowieso alles machen. Er wusste, dass er sich auf Ricky verlassen konnte. Über Jahre hinweg machte mein Bruder immer wieder technische Verbesserungsvorschläge, die von der Firma auch dankend angenommen und umgesetzt wurden. Dafür erhielt Ricky lediglich einen extra Geldbonus.

Als sein Meister befördert werden sollte, sprach Ricky bereits zum dritten oder vierten Mal bei seinen höheren Chefs vor, mit der Bitte, ihn doch an die Stelle des Meisters zu setzen. Schließlich hatte er sich mehr als nur bewiesen. Doch auch diesmal wurde er übergangen. Begründet wurde diese Entscheidung mit dem fehlenden Abitur. Die Chefs nahmen wieder jemanden ganz Neues von außen, während mein Bruder frustriert zurückblieb. Er durfte zwar die Arbeit eines Meisters verrichten und die damit verbundene Verantwortung übernehmen und tragen, nicht aber den Titel und nicht ein Mehr an Gehalt, was diese Position mit sich gebracht hätte.

Nach 14 Jahren ergab sich aus einer völlig unerwarteten Richtung eine interessante Möglichkeit, und zwar von der Firma seines Schwagers. Dieser hatte Ricky jahrelang beobachtet. Ihm fiel auf, dass mein Bruder nie krank war, zuverlässig arbeitete und gut mit Menschen auskam. Er bekam eine Position angeboten, die der des Meisters einer Abteilung in der alten Firma um einiges überlegen war. In der neuen Firma wurde mein Bruder zum Regionalmanager berufen. Zusätzlich verdiente er von jetzt auf gleich das Doppelte als vorher.

Der bittersüße Erfolg

Nun könnte man ja sagen, dass er einfach nur Glück hatte. Vielleicht deshalb, weil er gerade zu der Zeit da war, als diese Firma jemanden suchte. Vielleicht hat er sich dieses Glück aber auch über die Jahre hart erarbeitet. Mit dem Glück des Tüchtigen wurde dieses Engagement von anderer Seite zunächst registriert und später wurde reagiert. Mit seiner Entscheidung, die Firma zu wechseln, ging mein Bruder auch ein großes Risiko ein. Er wusste nicht, wie er und die Firma seines Schwagers sich entwickeln werden würden. Die Sicherheit beim Ausbildungsbetrieb kannte er. Ricky bemühte sich und schaffte es vom ersten Monat an. Er gab immer 100 Prozent, um zu beweisen, dass das in ihn gesetzte Vertrauen gerechtfertigt war. Mittlerweile bekommt er sehr gute Angebote von Headhuntern und der Konkurrenz. Wenn er wollte, könnte er jetzt noch mehr Geld verdienen und gleichzeitig sogar die Karriereleiter weiter nach oben erklimmen – und das alles ohne Abitur! Er gehört aber zur loyalen Sorte. Deshalb bleibt er in dieser Firma. Dort wissen alle, was sie an ihm haben.

Du siehst, ein Risiko einzugehen, kann vieles bedeuten. Für mich war es damals, im Alter von 23 Jahren, ein Risiko, im Vertrieb zu starten. Obwohl ich mit nichts dastand, bedingt durch die Insolvenz, die zuvor passierte, machte ich Schulden, um im neuen Geschäft starten zu können.

Ein Risiko ist also immer etwas, wo du vorher nicht wirklich abschätzen kannst, was später aus deiner Entscheidung wird. Ob du Erfolg haben wirst oder nicht. Ich sage dir auch, was ein Risiko nicht ist. Wenn du zum Beispiel schon eine Bäckerei hast mit verschiedenen Produkten im Angebot und du entscheidest, eine neue Brotsorte dazu zu backen, ist das kein Risiko! Weil du den Rahmen eh schon hast und du kein wirkliches Risiko eingehen musst, um etwas Neues zu wagen. Du hast nur das Problem, dass sich diese neue Brotsorte evtl. nicht verkaufen lässt. In diesem Fall produzierst du diese Sorte eben nicht mehr. Der Schaden hält sich also in Grenzen.

Ein Risiko ist etwas, wo du wirklich deine Komfortzone verlassen musst und dich auf ein neues Terrain begibst, von dem du nicht weißt, was dich dort erwartet. Das Einzige, was dich trägt, sind deine Hoffnung und der Glaube, dass das Gewünschte erfolgreich sein wird. Daher mein Tipp: Gehe im Rahmen deiner Möglichkeiten Risiken ein. Du hast die Kraft dafür. Das sage nicht nur ich, sondern auch eine Studie[1]:

„Jeder Mensch hat eine grundlegende Neigung zur Risikobereitschaft, die sein Verhalten in nahezu allen Lebensbereichen beeinflusst".

Das ist eine der zentralen Aussagen, der im „Journal oft the European Economic Association" veröffentlichten Studie. Daran beteiligt waren Wissenschaftler des DIW, der Universität Bonn, der Universität Maastricht, der Universität von St. Gallen und des Swarthmore College in den USA. Die Langzeiterhebung, die unter dem Namen „Sozio-oekonomisches Panel" geführt wird, zeigt, dass die Risikobereitschaft von uns Menschen von vielen Faktoren abhängt. Wie viel wir bereit sind zu riskieren hängt unter anderem vom Geschlecht, von der Körpergröße und dem Bildungsgrad der Eltern ab. Ein weiteres Ergebnis dieser Studie hat mich sehr gefreut, weil ich es selbst oft erlebt habe:

„Risikobereite Menschen sind zufriedener als andere!"

Du siehst, es lohnt sich also, Risiken einzugehen, weil man sich einfach besser fühlt. Ach ja, warte damit nicht zu lange. Die Wissenschaftler sagen nämlich noch Folgendes: „Im Laufe des Lebens lässt die individuelle Bereitschaft, Risiken einzugehen, immer mehr nach…" Mit anderen Worten: Früher starten statt warten!

3. Durchhaltevermögen und Geduld

Lass uns nun über Durchhaltevermögen sprechen. Dieser Punkt, so konnte ich es in den letzten 17 Jahren beobachten, wird stark vernachlässigt. Wenn du zum Beispiel ein neues Geschäft anfängst, darfst du nicht erwarten, dass es innerhalb von sechs oder zwölf Monaten floriert. Sollte es so sein, ist es toll für dich. Dann freue dich. Gehe davon aus, dass ein solch schneller Erfolg eher nicht der Fall ist.

Meinen Anfängern in meinem damaligen Team habe ich immer gesagt, dass das erste Jahr das schwierigste ist. „Wenn ihr das durchhaltet, habt ihr eine Chance", gab ich ihnen zu verstehen. Das erste Jahr in einem neuen Business, in einem neuen Geschäft, nenne ich das Lehrjahr. Am Ende des Lehrjahres hast du gerade mal verstanden, wie alles funktioniert. Doch bist du mit diesem Wissen in der Lage, besser zu erkennen, was du alles tun oder besser nicht tun solltest.

Ich habe beobachtet, dass die meisten in den ersten zwölf Monaten wieder aufhörten, vor allem im Vertrieb. Ihre Erwartungen waren so hoch und ihre Enttäuschungen so groß, dass sie dann einfach resigniert aufgaben. Welch einer Illusion sie doch erlagen, zu glauben, dass man ein Geschäft innerhalb von wenigen Monaten zum Florieren bringen kann. Das war nicht nur naiv, das war äußerst dumm. Es zeigt nur, dass jemand von einer Selbstständigkeit keine Ahnung hatte. Sogar das Finanzamt, unser aller „Freund", erwartet bei einer Neugründung eines Unternehmens in den ersten drei Jahren keine großen Gewinne. Nach drei Jahren aber sollte es mit der Entwicklung so langsam Null auf Null gehen, damit der Schritt in die Gewinnzone gesteuert werden kann. Nach fünf Jahren werden Gewinne erwartet. Das ist eine realistische Erwartung - doch viele der Menschen im Vertrieb erwarten dies nach sechs Monaten!

Bitte schau, dass du dir ein realistisches Zeitlimit setzt, ab wann du Gewinne einfahren kannst. Dabei ist es völlig unwichtig, in welchem Bereich sich dein Business bewegt. Nach meinen Beobachtungen bewegen sich die größten unrealistischen Träumer im Vertrieb, in der Versicherungs- und Immobilienbranche und im Network-Marketing. Das ist einer der Gründe, warum sie haufenweise scheitern und die Branche nach außen einen derart schlechten Ruf hat. Obwohl für viele Menschen darin auch ein riesiges Potenzial steckt. Dabei sind es eher viele Menschen in dieser Branche, die schlichtweg nicht in der Lage sind, realistisch ein Geschäft zu planen und abzuwägen. Das bestätigen auch die Zahlen, die von verschiedenen Instituten vorgelegt werden. So ist z. B. in 2011 die Zahl der Firmeninsolvenzen deutschlandweit gesunken. Mit einer Ausnahme:

Unternehmen/Unternehmer, die nicht länger als zwei Jahre am Markt sind,

sind konkursgefährdet! So war in 2011 rund ein Viertel aller insolventen Unternehmen erst bis zu zwei Jahre am Markt gewe-

Der bittersüße Erfolg

sen. Nach Angaben der Wirtschaftsauskunftei Bürgel kletterte die Pleitequote dieser jungen Unternehmen im Vergleich zum Vorjahr um 34,5 Prozent[2]. Als Gründe fügen die Statistiker nicht nur eine schwierige Startphase, Kapitalausstattung und Finanzierungsschwierigkeiten an, sondern auch:

strategische Fehlentscheidungen!

Mit anderen Worten: Die gescheiterten Existenzen hatten häufig keinen Plan, wie sie ihr Unternehmen erfolgreich aufbauen.

Insolvenzentwicklung in Deutschland von 1991 bis 2011:

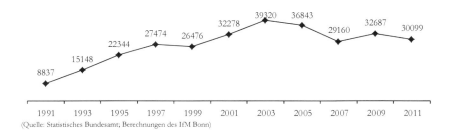

(Quelle: Statistisches Bundesamt; Berechnungen des IfM Bonn)

Zudem fällt auf, dass es besonders die Kleinunternehmer ohne Angestellte oder Arbeiter sind, die wirtschaftlich nicht überleben.

Insolvenzen von Unternehmen nach Anzahl der Beschäftigten:

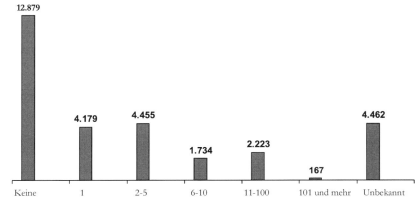

(Quelle: Statistisches Bundesamt; Insolvenzverfahren, Umsatzsteuerstatistik, Berechnungen auf Basis des Jahres 2011. Durchgeführt durch IfM Bonn)

Deshalb ist hier mein Tipp an dich:

Beginne ein neues Geschäft nur, indem du dir vornimmst, es in den kommenden drei Jahren auf jeden Fall durchzuziehen. Beginne mit einem handfesten Plan. Gehe keine Schritte „planlos". Alles andere ist zum Scheitern verurteilt.

4. Innere Stärke und Kraft

Wenn du eine realistische Zeit zum Aufbau deines Geschäftes geplant hast, dann kannst du dich jetzt diesem nächsten Schritt widmen. Ein wichtiger, weil du davon ausgehen musst, und das hat nichts mit negativem Denken zu tun, dass du öfter mal scheitern wirst, bevor du deinen Durchbruch haben wirst. Genauer ausgedrückt heißt das, dass du öfter mal einen Schlag versetzt bekommen wirst, mit dem du nicht gerechnet hast. Das sind die Momente, in denen du an dir und an dem, was du tust, zweifeln wirst. Was dir hier dann helfen kann, trotzdem nicht aufzugeben, sind deine innere Stärke und Kraft.

Wie gefestigt bist du? Wie sehr willst du es? Wie sehr bist du bereit, dem Misserfolg zu trotzen? Ich denke hier zum Beispiel an die vielen Künstler, die, wenn ihr Album keinen Erfolg hatte, die neue Single bei ihren Fans und solche, die es noch werden wollten, nicht ankam, einfach aufgegeben hätten, allesamt sehr arm wären. Und wir als ihr Publikum hätten weniger gute

Musik. Mach dir ein Bild davon, wie lange die ganz großen Persönlichkeiten brauchten, um als Genie auf ihrem Gebiet wahrgenommen und anerkannt zu werden. Sie hatten die innere Kraft, trotzdem weiterzumachen, obwohl keiner ihr Werk schätzte.

Doch auch wenn wir nicht so weit gehen, zu diesen Größen jener Zeit, und einfach hier bleiben in unserer Zeit, dann kann ich aus meinem Leben auch nichts Einfaches berichten. Beim ersten Mal war es so, dass alles, was ich in den ersten anderthalb Jahren aufgebaut hatte, von einem Monat auf den anderen dahin war. Ich hatte alles verloren. Das gesamte Team, das ich aufgebaut hatte, all die Schulungen, all die Rennerei, all das Geld, was ich investiert hatte, all die Arbeit, all die Mühe, das alles war auf einmal weg. Es war alles umsonst gewesen – es war weg und ich stand vor dem Nichts. Mit Schulden. Allein und ohne jede Unterstützung. Ich war am Boden und tief deprimiert. Ich konnte bereits gut damit umgehen, weil ich ständig, ja fast schon tagtäglich, mit größeren und kleineren Enttäuschungen leben musste. Denn ständig erzählten mir Menschen und Freunde, welchen Blödsinn ich machen würde. Einige von ihnen wandten sich sogar ab. Ich lebte auch damit, dass viele meiner Aktionen von größeren wie kleineren Misserfolgen begleitet wurden. Trotz dieser Widrigkeiten baute ich meinen Vertrieb auf und freute mich über ein von mir aufgebautes Team. Ich machte nicht viel Umsatz, doch in Anbetracht der Zeit, die vorherrschte, in Verbindung mit dem unglaublich schlechten Ruf der Firma in den deutschsprachigen Ländern, schaffte ich um einiges mehr als das, was meine Kollegen auf die Beine stellten.

Doch als ich all das von jetzt auf gleich mit einem Schlag verlor, weil alle meine Mitarbeiter zu einer neuen Firma wechselten, die ihnen einen **schnelleren Erfolg** versprach, war auch ich erst mal am Boden. Ich war knapp 24 Jahre alt und zweifelte an mir. Ich fragte mich die ganze Zeit, was ich falsch gemacht haben könnte und warum sie zu der anderen Firma gingen. Heute weiß ich es. Ich konnte ihnen nicht das schnelle Geld und keinen schnellen Erfolg versprechen bzw. geben. Doch genau das erwarteten sie von mir. Ich sollte ihre finanziellen Probleme, die sie in Jahren aufgebaut hatten, in wenigen Monaten lösen. In ihren Augen hatte ich versagt.

Der eine oder andere Kollege sprach mir Mut zu. Nach einigen Tagen raffte ich mich wieder auf. Weil ich eh nichts mehr zu verlieren hatte, konnte ich genauso gut noch einmal neu starten und alles geben. Ich nahm all meine Kraft zusammen und sagte mir: „Ich gebe noch einmal alles. Egal, was kommt". „Wenn ich schon untergehe", dachte ich, „dann wenigstens mit Pauken und Trompeten".

Diese Entscheidung war essentiell, obwohl sie mich eine große innere Kraft kostete. Wenn dich alle Menschen verlassen, die zuvor gesagt haben, dass sie an die Sache glauben und es mit dir zusammen aufbauen wollen, dann ist es schwer, noch an den eigenen Erfolg zu glauben. Doch ich fing erneut an. Nur zwei Monate nach dieser Entscheidung verbuchte ich plötzlich Erfolge, die ich in der ganzen Zeit davor nicht hatte. Plötzlich fing mein Business, mein Geschäft, an zu wachsen. Von da an ging es stetig bergauf, bis ich mit 27 Jahren meinen Traum erreichte. Das war nicht nur die höchste Position in einem Unternehmen innerhalb Europas, sondern auch, dass sie von einer Frau erreicht wurde. In einem internationalen Multi-Milliarden-Konzern. Eine großartige Erfahrung für mich, bei der es nicht bleiben sollte.

Ich habe weiter vorne erwähnt, dass ich keine „Predigerin" bin, die ihr Wissen aus Büchern zusammenklaubt und es dann in andere Worte packt, um darüber ein Buch zu schreiben. Ich bin eine Frau der Tat. Wenn ich also Behauptungen aufstelle, dann nur deshalb, weil ich sie nicht nur beweisen kann, sondern selbst erlebt habe. Du hast soeben erfahren, dass ich von ganz unten nach ganz oben aufgestiegen bin. Das ist nicht das Ergebnis von Zufall, sondern von Mut und Entschlossenheit, die aus der inneren Kraft gespeist werden. Genau darauf kommt es an, wie Prof. Dr. Waldemar Pelz (Institut für Management-Innovation) schreibt. In einer Studie[3] wurde das, was ich persönlich erlebte, indirekt bestätigt. Wenn besonders erfolgreiche Manager, Führungskräfte und Unternehmen etwas gemeinsam haben, so die Studie, dann sind es nicht „charismatische" oder „visionäre" Eigenschaften, sondern

„die Fähigkeit, die Dinge, die sie sich vornehmen, tatsächlich in messbare Resultate umzusetzen".

Deswegen, so schreibt Prof. Dr. Pelz, erzielen sie mit eher bescheidenen Mitteln, häufig unter ungünstigen Umständen, überzeugende Ergebnisse. In aller Bescheidenheit: Du siehst, was ich warum so erlebt habe.

Du siehst, innere Kraft und Stärke sind es, die du für dein Vorhaben benötigst. Egal, was um dich herum geschieht, du bist nicht „allein".

Es werden Zeiten kommen, da wirst du die Kraft brauchen, weiterzumachen, wenn alle anderen dich verlassen haben und du vielleicht alles verloren hast.

5. Der Wunsch und der Wille, Erfolg erreichen zu wollen

Du wirst im vorherigen Punkt sicher erkannt haben, was es unabhängig von der inneren Kraft noch gebraucht hat, um nach vorne zu kommen. Es ist das so genannte „letzte Aufbäumen", dass man trotz allem noch einmal alles gibt und versucht, den eigenen Traum Wirklichkeit werden zu lassen. Ich wollte, wie weiter oben erwähnt, etwas erreichen, was bis zu dem Zeitpunkt in dieser Firma, in diesem Alter und als Single noch keiner erreicht hatte. Weder Mann noch Frau. Mich hat immer das Außergewöhnliche angezogen. Etwas, was jeder machte, war für mich uninteressant. Deshalb war es mir möglich, mit der buchstäblich allerletzten Kraft alles zu geben für den Erfolg. Wie man sieht, ist mir das gelungen. Für dich bedeutet das:

Wenn du etwas vorhast, dann schau, dass es so groß ist, dass dir der Gedanke daran genug Kraft gibt, es erreichen zu wollen. Es sollte ein lohnenswertes Ziel sein. Etwas Machbares natürlich, aber unbedingt lohnenswert! Sonst wirst du die Kraft nicht aufbringen können. Diese Kraft aufzubringen lohnt sich, denn:

„Erfolgreiche Menschen werden älter",

schrieben die Wissenschaftler Howard Friedman und Leslie Martin in einer Studie, die vor 90 Jahren in Kalifornien begann[4]. Der Psychologe Lewis Terman startete 1921 sein Projekt. Er war auf der Suche nach begabten Kindern. Deshalb bat er Lehrer, die intelligentesten Schüler auszuwählen. Sein Ziel war es, die Ursachen intellektueller Begabung zu entschlüsseln und frühe Anzeichen für ein hohes intellektuelles Potential zu erkennen. An dieser Langzeitstudie nahmen 1.528 Mädchen und Jungen teil, die um 1910 geboren wurden. Über acht Jahrzehnte befragten zunächst Terman und nach seinem Tod weitere Wissenschaftler die Teilnehmer. Die Ergebnisse dieser gewaltigen Datenansammlung sind mit obiger Aussage zum Teil zusammengefasst. Weitere interessante Erkenntnisse aus dieser Studie haben die oben erwähnten Psychologen Friedman und Martin in einem Buch veröffentlicht[5].

6. Ein klarer Verstand gepaart mit Liebe und Leidenschaft zum Tun

Für dein Vorhaben benötigst du unabhängig von deinen inneren Qualitäten auch einen guten, klaren und wachen Verstand. Du musst in der Lage sein, strukturiert zu denken und zu handeln. Es bringt nichts, die tollsten Ziele zu haben, aber nicht in der Lage zu sein, strukturiert zu arbeiten. Frauen sind hier gegenüber Männern im Nachteil. Doch habe ich auch genügend Männer kennen gelernt, die hier ein Defizit haben. Es ist kein Widerspruch, wenn ich sage, dass du für das, was du vorhast und was du erreichen willst, eine gewisse Leidenschaft brauchst. Du musst das Ziel lieben und trotzdem klar denken. Viele Menschen können entweder das eine oder das andere. Die wenigsten können beides. Dennoch sind, wie ich finde, beide Seiten besonders wichtig.

Ich liebe, was ich tue. Dafür tue ich alles, was ich kann. Es beflügelt mich, und trotzdem bin ich so klar und realistisch, dass ich immer schaue, wie ich am besten etwas koordiniere und strukturiere. Das ist wichtig, denn das, was ich nicht wahrhaben will, was ich vermeiden will, weil es aus meiner Sicht sinnlos oder gar unnütz erscheint, ist das, was mich am Ende einholt und so den Erfolg verwehrt.

Du kannst dich nicht über die Gesetze der Materie stellen, auch wenn du dies glaubst. Sei also nicht so töricht, das anzunehmen oder es gar zu ignorieren. Es ist stärker als du. Es holt dich ein! Egal, um welche Art von Projekt es geht. So kann es mit deiner Finanzplanung beginnen und aufhören bei mangelhafter Kommunikation mit den Menschen, mit denen du arbeitest. **Nichts ist unwichtig in deinem Vorhaben – mit Ausnahme deiner Ignoranz**.

7. Lernbereitschaft und Mut

Um etwas Neues zu beginnen, braucht es Mut. Trotz Widrigkeiten durchzuhalten bis zum gewünschten Erfolg, braucht es noch mehr Mut. Doch all das oben Genannte wäre sinnlos und vergeudete Energie, wenn es an deiner Lernwilligkeit fehlt. Sei lernbereit.

„Ab und an", so habe ich in Märchen gelesen, „fallen auch mal Meister vom Himmel". Ab und an ist man bereits ein Meister, bevor man erwachsen wird, einfach deshalb, weil die Familie über ein immenses Wissen verfügt, das an die Kinder weitergegeben wird. Für außenstehende Erwachsene erscheinen diese Kinder dann wie Meister. Trotzdem haben die Kinder auch gelernt, nur eben schneller und früher. Das nenne ich eine begnadete Erziehung, die den meisten Menschen unserer Zeit verwehrt bleibt.

Da ich dich nicht dazu zähle, denn dann würdest du wohl kaum mein Buch lesen, kann ich nur sagen: Bewahre dir die Fähigkeit zu lernen.

Ich finde nichts trostloser, als Menschen kennen zu lernen, die meinen, alles zu wissen, obwohl es ihnen in dem jeweiligen Bereich an Erfahrung fehlt. Die zudem keinerlei Bereitschaft zeigen, in eine neue Richtung zu denken oder etwas Neues aufzunehmen. Dazu kann ich nur sagen:

„Wenn sich deine Wahrnehmung verändert, verändert sich dein ganzes Leben, und Wunder sind möglich!"

Dies sind meine Erfahrungen. Deine Wahrnehmung allerdings kann sich nicht verändern, wenn die Lernbereitschaft nicht vorhanden ist. Um eine neue Wahrnehmung zu bekommen, musst du bereit sein, in eine andere Richtung zu schauen.

Ich möchte dir hier eine kleine Erfahrung von mir schildern, die ich mit jemandem vor nicht allzu langer Zeit hatte. Diese Erfahrung habe ich vor einiger Zeit in einem meiner Newsletter verarbeitet und versendet. Den Titel dieser Erfahrung habe ich *„Der Schatten"* genannt. Hier nun der damalige Text:

Der Schatten

Neulich sagte jemand, den ich übrigens sehr schätze und mag, über das Thema „an sich arbeiten" zu mir: „Ich weiß nicht, ob ich bereit bin, so über meinen Schatten zu springen." Das sind solche Momente, in denen man sich wie bei einem Schachspiel fühlt, bei dem der Gegner mit einem Zug beide Pat setzt. Also nicht matt, sondern, wenn er bei seinem Zug bleibt, eher Pat. Keiner hat gewonnen. Da ich kein großer Freund von weiterbohren bin, ließ ich das Gesagte so stehen und wechselte nach einer Weile das Thema. Einige Tage später, während ich spazieren ging, fiel mir der Satz wieder ein: *"..ich weiß nicht, ob ich bereit bin, so über meinen Schatten zu springen."*

Mir fiel auf, dass sehr viele Menschen bewusst oder unbewusst genau so denken. Und während ich über den Satz nachdachte und darüber, was es wohl braucht, um über seinen eigenen Schatten springen zu können, fiel mir auf, dass ich (durch das Licht von hinten) gerade selbst einen riesigen Schatten nach vorne warf. Dieser wurde immer größer – über 10 Meter lang. In dem Moment wurde mir sehr deutlich bewusst, wie unmöglich es wäre, über meinen „Schatten" zu springen. Ein Ding der Unmöglichkeit. Selbst als Leichtathletin würde ich es nicht schaffen. Nach jedem Sprung wäre der Schatten immer noch da. Wie sehr ich mich auch anstrengen würde, der „Schatten" vor mir würde seine Größe bewahren. Selbst wenn er etwas kleiner werden würde, so wäre es immer noch schwierig.

In dem Moment erkannte ich, dass es nicht nötig war, über meinen Schatten zu springen. Das Einzige, was nötig war, war die Entscheidung, mich einer neuen Richtung zuzuwenden. Ich tat genau dies. Und siehe da, der Schatten war nicht mehr in meinem Blickfeld. Ich hatte ganz genau vier Möglichkeiten.

1. Ich blicke in dieselbe Richtung wie eben und würde mir weiterhin erzählen, dass ich eher nicht über meinen Schatten springen könnte. Doch der Schatten würde mich beschäftigen – weil stets vor mir.

2. Ich drehte mich um 90 Grad nach rechts und der Schatten wäre plötzlich nicht mehr so wichtig. Da ich eine neue Richtung vor mir hätte und andere Perspektiven.

3. Ich drehte mich um 90 Grad nach links, und auch hier wären plötzlich ganz andere Möglichkeiten zu sehen.

4. Ich drehte mich um 180 Grad und ginge in eine komplett neue Richtung! Der Schatten wäre vollständig aus meinem Blickfeld verschwunden.

Egal also, in welche Richtung ich gehen würde, der Schatten wäre nicht wirklich weg. Doch würde meine Energie mehr auf meine neue Richtung ausgerichtet sein als auf den Schatten. Ich entschied mich, mich dem Licht zuzuwenden, buchstäblich der Sonne entgegenzugehen. Und siehe da, der Schatten war plötzlich nur noch eine Geschichte in meinem Verstand. Würde ich mich jedoch wieder umdrehen, wäre er in voller Größe wieder präsent.

Was ist also nötig?

Manchmal reicht es, sich einfach in eine neue Richtung zu drehen. Sich für einen neuen Weg zu entscheiden. Weil du dann den Schatten nicht mehr als etwas Unüberwindbares siehst,

Der bittersüße Erfolg

sondern als einen Teil von dir, der auch sein darf. Dem du aber nicht unnötig viel Energie zukommen lassen musst.
Was würde ich nun also antworten, wenn das wieder jemand zu mir sagt? Vielleicht sage ich: *„Über deinen Schatten zu springen, ist völlig unnötig. Außerdem kannst du dich dabei verletzen. Und gegen das Licht hast du sowieso keine Chance. Also lass uns gemeinsam versuchen, lieber in eine neue Richtung zu schauen. Der Schatten läuft dir deshalb nicht weg. Du kannst dich ihm jederzeit wieder zuwenden."*

In welche Richtung magst du weiter schauen?

….

Soweit der Newsletter.

Du siehst, dein Schatten kann dir helfen, Dinge anders wahrzunehmen. **Wie lernbereit bist du wirklich?**

Wie sehr hörst du hin, wenn dir jemand etwas Neues zu deinem Vorhaben sagen will, dir evtl. eine neue Idee geben will? Hörst du innerlich schon weg und meinst, es nicht zu brauchen? Vielleicht hat der andere etwas, was dich nach vorne bringen könnte in deinen Bemühungen? Dies wirst du aber nicht herausfinden, wenn du stets alles weißt. Überlege dir einmal, was es dich kosten könnte, so zu denken.

Ich würde behaupten, dass, wenn du wirklich erfolgreich werden willst, du es dir nicht leisten kannst, so zu denken! Erst die Bereitschaft, deinen Blickwinkel und deine Wahrnehmung zu verändern, kann dich in neue Dimensionen führen. Eine Dimension des Erfolges! Eine Dimension der Wunder. Entscheide selbst!

Übrigens, einer Studie[6] der Deutschen Universität für Weiterbildung (DUW) zufolge sind für 43 Prozent der Berufseinsteiger von heute, die so genannte Generation Y, Weiterbildungsangebote sehr wichtig. 60 Prozent dieser Altersgruppe der 25- bis 35-Jährigen halten sie sogar für ausschlaggebend bei der Entscheidung für ihren Arbeitgeber. Daraus schließe ich, dass sich niemand mehr leisten kann, auf Weiterbildung zu verzichten. Ein heute 50-Jähriger wird beruflich nur überleben können, wenn er eben dazu bereit ist. Ansonsten dürften ihn die heute 25-35-Jährigen bald schon überholt haben, wenn es darum geht, begehrte Posten zu besetzen.

8. Die Bereitschaft, den Preis für den Erfolg bezahlen zu wollen und

9. die Fähigkeit, Entscheidungen zu treffen

Nun kommen wir zu einem aus meiner Erfahrung kritischen und meist gehassten Punkt, wenn es um Erfolg geht. Es geht darum, dich zu entscheiden. Was bist du bereit, von deinem jetzigen Leben vorübergehend für deinen Erfolg aufzugeben? Was ist der Preis dafür, den du bereit wärest zu bezahlen? Spätestens bei diesem Punkt verliere ich mindestens 50 Prozent der Teilnehmer. Anders ausgedrückt: Ich verliere 50 Prozent der angeblich ernsthaft interessierten „Anwärter auf Erfolg". Ich kann alles von ihnen verlangen, aber auf keinen Fall, dass sie dafür einen Preis bezahlen. Liebe Leute, ich sage es hier ganz klar und deutlich:

Wenn du nicht bereit bist, einen Preis zu bezahlen, wirst du auch nie etwas Außergewöhnliches erreichen.

Ob dir diese Aussage gefällt oder nicht, ist völlig egal! Sie ist eine Tatsache! Für jeden meiner Erfolge habe ich einen Preis bezahlt. Für absolut jeden. Immer wieder. Jedes Mal und ohne Ausnahme. Wenn du hierzu nicht bereit bist, dann bleib im Mittelmaß stecken und träume nicht weiter von irgendwelchen Höhen. Ich sage dir klipp und klar: **Mit dieser Einstellung wirst du sie niemals erreichen.**

Es ist nicht schlimm, im Mittelmaß steckenzubleiben, wenn du dir das so wünschst. Träume dann aber bitte nicht von Idealen und Höhen. Sie werden für dich immer ein Traum bleiben.

Ich gebe dir mal ein Beispiel aus meinem Leben. Die ersten viereinhalb Jahre in meinem Geschäft (ich war im Vertrieb tätig) war ich bereit, auf eine private Beziehung zu verzichten. Ich war bereit, auf Freunde zu verzichten. Mit anderen Worten: Während alle anderen Grillabende, Hochzeiten, Weihnachten, Ostern, Pfingsten etc. feierten, saß ich entweder in meinem kleinen Wohnzimmer und arbeitete oder aber ich war außerhalb auf Geschäftsseminaren unterwegs.

Während die anderen ihre freien Wochenenden hatten, arbeitete ich. Während andere einer Fünf-Tage-Woche nachgingen, hatte ich eine Sieben-Tage-Woche. Während andere nach acht Stunden am Arbeitsplatz nach Hause gingen, arbeitete ich von morgens, wenn mich mein Telefon weckte, bis weit nach Mitternacht. Während andere drei Wochen am Stück Urlaub machten, hatte ich nicht mal eine Woche. Während andere ihr Geld ausgaben, um sich zu vergnügen, also in die Disco gingen, schöne Sachen zum Anziehen kauften oder gut essen gingen, investierte ich alles Geld nur in mein Geschäft. Buchstäblich jeden Cent. Selbst den Wunsch meiner Familie, sie endlich

Der bittersüße Erfolg

zu besuchen, damit sie mich nach langer Zeit endlich wiedersahen, schlug ich aus. Ich ging stattdessen lieber auf Geschäftsreise.

Ich will dir hier einfach nur verdeutlichen, dass es keineswegs immer leicht war, diese Entscheidungen so zu treffen. Es war der Preis für meinen angestrebten Erfolg. Trotz meines jungen Alters war ich mir im Klaren darüber, dass ich nur so das Gewünschte auch erreichen konnte. Wenn du dich an den Inhalt meines E-Books erinnerst, dann weißt du, welchen Preis ich dafür zahlte, um nach Deutschland, das Land meiner Träume, zu kommen. In all den Jahren nach meiner „Ankunft" änderte sich nichts an meinem Verhalten. Für jeden Erfolg musste ich zunächst investieren. Mit anderen Worten: den Preis bezahlen. Deshalb wiederhole ich die fast schon existenzentscheidenden Fragen an dich:

1. **Was bist du bereit zu bezahlen?**
2. **Was bist du bereit, für deinen Erfolg zu investieren?**
3. **Was bist du bereit, in <u>dich</u> zu investieren?**

Mache dir die Antworten bewusst und behalte sie im Gedächtnis. Antworte ehrlich, denn du kannst dich nicht selbst belügen. Wenn dich die Menschen aus deinem Umfeld belügen, kannst du es akzeptieren, wenn es für dich okay ist (für mich wäre es das nicht). **Nie aber darfst du dich selbst belügen. Mache dir nichts vor.**

Mit der Einstellung „Ach, ich werde sicher das Gleiche erreichen, auch wenn ich etwas langsamer mache und auch weniger gebe" wirst du scheitern. Gehe die totale Verpflichtung für deinen Erfolg ein. Sage klipp und klar ja zum Erfolg. Ja zum Preis. Ja zu den Herausforderungen. Schau also genau hin, was dich bisher davon abgehalten hat, alles zu geben.

Du siehst, dass der zweite Teil dieses Punktes darin besteht, die Fähigkeit zu haben, Entscheidungen zu treffen. Ich sage dir: **Es ist leicht,** eine Entscheidung zu treffen, wenn du unmittelbar danach messbare Ergebnisse erhältst. Es ist allerdings viel schwieriger, eine Entscheidung zu treffen, von der du vorher **nicht weißt,** wie das Ergebnis aussehen wird. Letzteres ist für den erfolgreichen Alltag relevant. Deshalb musst auch du dich darin üben, Entscheidungen zu treffen. Natürlich wirst du viele falsche Entscheidungen treffen, so wie ich auch. Doch werden auch gute dabei sein, die dich voranbringen. Auf diese kommt es an. Zudem lernst du mit jeder Entscheidung dazu.

Wie du siehst, sind dies alles sehr heikle Punkte, insbesondere die letzten beiden. Manchmal, wenn ich als Gastreferentin zu Firmenveranstaltungen geladen bin, empfinden mich gewisse Menschen als zu hart. Darüber kann ich nur lachen. Ich sehe mich nicht so. Ich sehe mich nicht als hart, sondern als klar, direkt und deutlich. Letztlich habe ich den Mut, über alles offen zu sprechen. Das unterscheiden zu können, ist eine Kunst. Menschen, die nicht wissen, was sie wollen, sind auch nicht in der Lage, die richtige Unterscheidung vorzunehmen, also legen sie mein Verhalten als Härte aus. Zudem bin ich nicht bereit, unbewusste Lügen gutzuheißen und mitzuspielen, indem ich mich bemühe, „sanfter" zu sein.

Dass ich an dieser Stelle überhaupt auf diese Situation zu sprechen kommen muss, ist mit Blick auf Deutschland bedauerlich. Von „Chefs" sollte man meinen, dass sie eines ganz besonders gut können: Entscheidungen treffen. Doch weit gefehlt. Immer mehr Arbeitnehmer sind von ihren Chefs genervt, weil diese sich nicht **entscheiden** können. 41 Prozent der Befragten finden dieses Verhalten völlig inakzeptabel. Zu diesem Ergebnis kommt eine internationale Studie von Rundstedt HR Partners in Zusammenarbeit mit der BPI Group[7]. Ein Phänomen, das in vielen Ländern auftritt. Zudem gibt es noch eine Spezialität in Deutschland: 2007 hätten rund 28 Prozent der Arbeitnehmer ihren Chefs die Bestnote gegeben. 2011 waren es nur noch 17 Prozent. Zufriedenheit sieht anders aus. Bei den Insolvenzen waren es, du erinnerst dich, die kleineren Unternehmen, die davon stärker betroffen waren. In Sachen Zufriedenheit ist es genau umgekehrt. Je kleiner die Unternehmen, desto zufriedener die Mitarbeiter mit ihren Chefs. Klein, aber oho!

10. Tun – das „rechte Handeln" und Fleiß

Ohne mich wiederholen zu wollen, weil es sich zum einen von selbst erklärt und zum anderen durch die vorangegangenen Punkte ziemlich deutlich hervorsticht, alle Bemühungen sind nichts wert, wenn es am Fleiß fehlt.

Du kannst alles wissen, alles können, und es gibt so viele Menschen, die das von sich behaupten können, doch wenn du es nicht in die Tat umsetzt, ins Handeln, ist alles umsonst. Hier bestätigt sich einmal mehr die berühmte japanische Feststellung:

Wenn du etwas wissen willst, frage einen Erfahrenen und keinen Gelehrten.

Gelehrte, also anders ausgedrückt **wissende Theoretiker,** sind sie fast alle. Aber **Erfahrene,** solche, die **ihr Wissen in die Praxis umgesetzt haben,** sind nur die wenigsten. Selbst wenn du weniger weißt als andere, aber bereit bist zu handeln, zu tun, und fleißig bleibst, wirst du mit der Zeit an das Wissen kommen. Wenn du aber alles weißt und nichts umsetzt, wäre alles sinnlos und vergebens.

Erfahrung zahlt sich immer aus. Nur beispielhaft hier einige Daten aus anderen Bereichen. Das monatliche Einkommen eines Energieanlagenelektronikers mit weniger als fünf Jahren Berufserfahrung liegt im Durchschnitt bei 2.286 Euro[8]. Verfügt jemand in diesem Beruf über mehr als 10 Jahre Erfahrung, steigt sein Gehalt um fast 30 Prozent (!) auf rund 2.897 Euro durchschnittlich.

Ähnlich ergeht es den Akademikern. Top-Arbeitgeber zahlen ihnen drei Jahre nach Abschluss rund 25 Prozent höhere Gehälter. Damit honorieren sie insbesondere bei jungen Akademikern die Berufserfahrung. Sie erhalten direkt nach ihrem Universitätsabschluss und ohne jede Berufspraxis rund 44.661 Euro im Jahr. Nach dreijähriger Berufserfahrung steigt ihr Gehalt auf fast 57.000 Euro. Noch „dramatischer" steigt es nach weiteren drei Jahren auf durchschnittlich 70.000 Euro[9].

Von diesen traumhaften Gehältern musst du nicht träumen. Auch ohne Diplom oder akademischen Abschluss gibt es heute Branchen und Bereiche, in denen du sogar noch deutlich mehr verdienen kannst. Solltest du an diesen Worten zweifeln, lies mein E-Book.

11. Selbstvertrauen und Geisteshaltung

Hier glauben die meisten zu wissen, was gemeint ist. Deshalb machen sie sich hierzu keine weiteren tiefergehenden Gedanken. In der heutigen Zeit, wo der Hype um positives Denken unverändert stark boomt, ist es sehr schwer, mit weniger positiven Aussagen angenommen zu werden. Sofort wird einem die Antwort „Hey, denk positiv" um die Ohren geschleudert. Darüber habe ich in einer Zeitung einmal eine Kolumne geschrieben, aus der ich einige Teile zitieren möchte:

Hey Baby, denk positiv..

In Zeiten von immens vielen Büchern, Hörbüchern, Seminaren und dergleichen zum Thema „positives Denken" wird eine andere Ansicht, die diese nicht komplett teilt, eher für Stirnrunzeln, Aufruhr und Kritik sorgen. Wahrscheinlich ist das so ähn-

Der bittersüße Erfolg

lich wie damals im Mittelalter. Wenn man da gesagt hat, man lindere Magenschmerzen mit Zwieback und Kamillentee, wurde man entweder als Hexe verbrannt, in einem zugebundenen Sack ins Wasser geworfen und ertränkt oder gesteinigt. So ähnlich, wenn auch sicher nicht ganz so schlimm, fühlt man sich heute, wenn man es wagt, die Ansicht des „positiven Denkens" nicht vollständig zu teilen.

In den letzten Jahren habe ich es persönlich zunehmend erlebt, dass man sich kaum noch traut etwas zu sagen, was nicht so positiv klingt, weil man gleich ein „hey, denk positiv" um die Ohren gehauen bekommt. Es breitet sich so etwas wie eine generelle Oberflächlichkeit aus, in der es anscheinend einfach reicht, „denk positiv" zu sagen, und damit ist schon alles klar. Tatsächlich sind manche sogar fest davon überzeugt, dass, wenn sie nicht positiv denken, sich alles gegen sie wendet. Also kämpfen sie von frühmorgens bis spätabends um jeden Gedanken, und sobald sie den leisesten Zweifel an dem Ganzen verspüren, ist die Antwort auch schon da, denn - sie haben wieder mal nicht „positiv" gedacht. Die Quittung bekommen sie auch gleich zu spüren, irgendetwas Negatives passiert, sie werden „bestraft".

Ich frage mich zunehmend, wenn doch positives Denken reicht und wir das in den letzten drei Jahren dank so vielen positiven Büchern, alles so genau gelernt haben, wieso sind wir jetzt in einer weltweiten Wirtschaftskrise und wieso ist gerade auch die Mittelschicht von dieser Krise betroffen?

Wenn positives Denken genügt, wieso gibt es nicht massenweise wohlhabende Menschen, seitdem es, ohne Namen zu nennen, „positive Bücher" und Ähnliches auf dem Markt gibt? Ich spreche von denjenigen, die diese gesamte Literatur auch verschlungen und angefangen haben, das Gelesene umzusetzen. Wenn positives Denken allein genügt, dann frag ich dich ganz

konkret, hast du deine Ziele und Träume erreicht, die du erreichen wolltest in den letzten drei bis vier Jahren?
Na, vielleicht will ich zu viel. Also frage ich noch etwas anderes. Mal unabhängig von Geld, Status, Karriere etc., bist du dank „positivem Denken" wirklich erfüllter und glücklicher geworden in den letzten zwei bis vier Jahren? Du musst jetzt schon genau hinsehen und keine leichtfertige Antwort geben. Hast du dich schon mal gefragt, wenn du etwas für dich Wichtiges erreicht hast in deinem Leben, woran es letztendlich wirklich gelegen hat? Hast du dir die Mühe gemacht, es zu untersuchen?

Wir haben seit dem Boom des positiven Denkens mehr Lehrer als Schüler. Auch wenn wir nicht das Thema „Lehrer" in diesem Buch angehen, so möchte ich doch zumindest darauf hinweisen, wie ich für mich jeweils einen Lehrer aussuche. Ich fühle mich gut dabei, wenn ich in gewissen Zeitabständen einen Lehrer habe. Sich ihn oder einen Coach zuzugestehen hat sicher auch ein wenig mit Demut zu tun. Es ist das Eingeständnis, eben nicht alles allein zu können und zu wissen. Mein Leitsatz ist:

Ich versuche möglichst zu niemandem zu gehen, der nicht mindestens zehn Jahre Erfahrung und/oder Erfolg hat in dem, was er lehrt. Meiner Meinung nach ist er unter zehn Jahren selbst noch ein Schüler!

Aber zurück zum „positiven Denken". Vor einiger Zeit las ich auf Facebook einen Spruch, in dem es darum ging, dass sich alle deine Ziele erfüllen, wenn du nur genug positiv denkst. Ich konnte es mir nicht verkneifen, hierzu einen Kommentar zu schreiben. Doch nicht nur bei Facebook, sondern auch auf anderen Seiten und Diensten wie Twitter, Xing, etc., wohin ich auch schaue, werde ich überrannt mit den vielen (sicher gut gemeinten) Tipps zum „positiven Denken".

Der bittersüße Erfolg

Ich frage mich, ob wir es uns nicht etwas zu einfach machen? Ob wir nicht in eine Oberflächlichkeit des Seins, besser gesagt des Denkens, abrutschen (weil das Sein/Selbst alles andere als oberflächlich ist), die uns innerlich unglücklicher und leerer hinterlässt als vorher. Hast du es schon erlebt, dass du hochmotiviert warst und vor lauter „positivem Denken" nur so geschwebt bist? Doch nach Wochen oder schon nach Tagen lagst du im übertragenen Sinne im tiefsten Keller? Hast du dir nie die Frage gestellt, ob man mit dem „positiven Denken" vielleicht doch etwas zu leichtfertig und vor allem oberflächlich umgeht?

Hast du dir schon einmal die Frage gestellt, welchen Einfluss du auf das ganze Denken hast und ob du diesen überhaupt hast? Wenn du diese Frage bejahst, wieso funktioniert es nicht immer und auch nicht in jedem Bereich deines Lebens? Wenn es funktionieren würde, wärst du dann nicht in jeglicher Hinsicht erfüllt und glücklich? Wenn es nicht funktioniert, woran kann es liegen? Was meinst du? Vielleicht daran, dass du dir das „Positive" nicht intensiv und oft genug in Bildern vorgestellt hast? Die Frage ist doch, um was es wirklich geht. Ich denke, es geht um Folgendes: Meiner Erfahrung nach ist das „Denken" (ob positiv oder negativ lassen wir mal dahingestellt) nur einer der Schritte in einer Reihe aufeinanderfolgender Reaktionen. Das Denken passiert - das ist richtig. Doch wann? Kommt eventuell noch etwas vor dem Denken? Wenn ja, was? Hast du dir diese Frage schon einmal gestellt und darüber nachgedacht bzw. „nachgeforscht"? Hast du dich schon einmal oder mehrmals still hingesetzt und über ein paar Stunden versucht zu ergründen, was da eigentlich genau passiert? Diesen Prozess empfinde ich als wichtig, weil lehrreich. So wirst du mir nicht glauben müssen, was ich über das positive Denken schreibe. Das würde ich nämlich nicht wollen. Besser ist es, dass du es selbst überprüfst!

Ich sehe die Gefahr, dass wir nichts mehr überprüfen, sondern nur das konsumieren, was uns geboten wird. Man kann auch die „Weisheiten" des „positives Denkens" einfach nur konsumieren, ohne sie für sich selbst zu überprüfen! **Wir tendieren dazu, dafür zu bezahlen, dass uns jemand anderes die Antwort gibt, die wir nur umsetzen müssen, ohne selbst tiefgründiger darüber nachzudenken.**

Wieso verhalten wir uns so? Haben wir vor etwas Angst?

Unsere Sinne sind zum Teil durch die zahlreichen Ablenkungen des Alltags (TV, Internet, Handy, Werbung, Konsum) derart abgestumpft, dass es sehr vielen Menschen nicht einmal mehr auffällt, dass es nicht nur das Denken ist, das das Leben steuert, sondern dass vorher noch andere Prozesse stattfinden. Prozesse, von denen das Denken nur eines der Ergebnisse sein kann.

Bitte verstehe mich nicht falsch. Ich finde die ganzen Bücher zum positiven Denken ebenfalls klasse. Aber es geht um mehr. Auch ich wusste schon früh um die Macht der positiven Gedanken. Doch welche Missverständnisse in dem Ganzen liegen, entdeckte ich insbesondere im Jahr 2006. Während meines Aufenthalts in Asien schaute ich mir eine DVD an, die sich sehr intensiv mit POSITIVEM DENKEN auseinandersetzte und es über alles stellte. Ich wusste damals schon, dass positives Denken nur der Anfang oder das Ende eines Prozesses (kommt darauf an, wo man anfängt) sein kann, niemals jedoch das Ganze, weil es dafür doch zu oberflächlich ist. Es kann ein Beginn sein, wenn du anfängst, dich mit diesem Thema zu beschäftigen, aber nicht das Ziel, niemals das Ende. Doch genau das glaubten die meisten Menschen, die es sich ansahen. Sie hielten es für die die ultimative Wahrheit.

Sind wir, bist du und bin ich als Mensch nicht viel komplexer und vielschichtiger, als dass wir alles ausschließlich auf unser tolles Denken herunterschrauben? Ohne Zweifel ist unser Denken sehr wichtig. Doch alles auf das Denken zu reduzieren, kann auch eine Gefahr sein. Es gibt tatsächlich Unternehmer, die behaupten von sich, sie hätten kein Ego. Da bekomme ich einen Lachanfall. Wenn sie kein Ego hätten, würden sie nicht denken. Wer denkt, hat auch in gewissen Maßen ein Ego. Wer ein Mensch hier auf dieser Erde ist, hat ein EGO! Ob klein oder groß, ist unwichtig – du, ich, jeder hat eines! Was kein Problem ist, weil man es zum Denken nutzen kann. Dafür ist es ja da. Auch ich verwende es täglich. Ich sage nur, schau hin, ob das wirklich alles ist.

Ich möchte dich noch etwas fragen: Angenommen, bei jemandem aus deinem Freundeskreis passiert in der Familie ein Unglück. Deinem Freund geht es deswegen miserabel. Er ist traurig, weil er jemanden, den er liebte, verloren hat. Was sagst du ihm dann?: „Hey, sieh es positiv. Alles halb so wild. Die Welt dreht sich weiter? Ändere deine Einstellung und lass uns einen trinken gehen?" Oder gehst du ihm möglichst aus dem Weg, weil dich die Situation überfordert? Oder hast du den Mut, auf gut geübte Parolen zu verzichten und sich mit ihm einfach nur hinzusetzten und für ihn da zu sein. Bist du in der Lage, dann zuzugeben, dass dich diese Situation überfordert, weil du erkannt hast, wie wenig wir noch immer vom Mysterium Leben verstehen?

Manchmal ist das Denken überflüssig. Dann sind echte Teilnahme und echtes Mitgefühl ohne viele Worte gefordert. Da sind Parolen einfach überflüssig und zeigen höchstens die Unsicherheit des „Sprücheklopfers". Es gibt Situationen, in denen Demut erfüllender ist als tausendmal „denke positiv" zu sagen. Demut ist übrigens kein Zeichen von Schwäche, sondern eher ein Zeichen, das dir bewusst macht, wie wenig du noch von allem tatsächlich begriffen hast.

Zum positiven Denken möchte ich noch Folgendes sagen:

Positives Denken ist nur bei den Menschen, die es in seiner komplexen Ganzheit verstehen, das richtige „Instrument". Alle anderen plappern unüberlegt etwas nach, was sie noch lange nicht begriffen haben.

Und noch etwas: Bleib authentisch. Verstell dich nicht, nur um anderen zu gefallen. Du bist, wie du bist. **Ein Original. Einzigartig.** Einmalig, mit all deinen Stärken und Schwächen. Denn wer sich nach außen hin sehr selbstsicher gibt, ohne es tatsächlich zu sein, macht sich das Leben unnötig schwer. Davon weiß ich ein Lied zu singen, weil ich es bei vielen beobachten musste. Nun aber gibt es von „höherer Warte" sogar die Bestätigung für dieses unglückliche Verhalten. Einer psychologischen Studie[10] der University of Georgia zu Folge kompensieren Menschen mit geheuchelter Selbstsicherheit ihre Selbstzweifel, indem sie übertriebene Verteidigungsstrategien entwickeln. Dieses Verhalten lässt die betroffenen Personen oftmals sehr unsympathisch erscheinen.

Ich frage dich: Willst du das?

Wenn nicht, dann **sei du selbst!**

12. Kompromisslos für seine Werte einstehen

Um diesen Punkt vollständig zu verstehen, muss man in diesem Zusammenhang um den Begriff Werte wissen. Doch daran hapert es bei vielen. Auch aus diesem Grund habe ich mein „Go4Values - Werte & Erfolg - Live-Seminar" ins Leben gerufen. Es geht mir hier um Bewusstmachung und Klarheit. Die meisten meiner Teilnehmer, die zum Seminar kommen, sind total überzeugt, ihre Werte zu kennen. Interessant zu beobachten ist, dass nach den knapp drei Seminartagen, die ich als Referentin abhalte , 90 Prozent der Teilnehmer entdecken, dass sie wider Erwarten ihre Werte gar nicht oder nur zum Teil kennen. Man kann nicht kompromisslos für etwas einstehen, was man nicht kennt! Niemand kann das, du auch nicht. Hierzu gibt es viel zu sagen bzw. zu schreiben, doch würde dieses Wissen den Rahmen des Buches sprengen. Meine Empfehlung: Finde deine Werte heraus! Alles andere ergibt sich daraus.

Für seine Werte einstehen bedeutet, sie zu verteidigen. Das gelingt, wenn du davon überzeugt bist. Wenn dir jemand „hart kommt" und gegenteilige Argumente liefert, darfst du nicht einknicken, sondern musst ihm aufrecht begegnen. Das gelingt, wie erwähnt, wenn du weißt, was du verteidigst. Wenn dich jemand sogar davon abhalten kann, für deine Werte einzustehen, dann nur, weil du nicht um diese weißt oder du bist nicht von deinen persönlichen Werten ernsthaft überzeugt. Was es auch immer ist: Finde deine Werte heraus und stehe dafür ein, getreu dem Motto: „No matter what!" Egal was auch immer kommen mag. Das ist deine Kraft! Das und nichts anderes! Was du davon hast? Nun, Werte und Erfolg bringen dir Erfüllung. Das ist das Versprechen meines Seminars.

13. Die Fähigkeit, Vereinbarungen einzuhalten

Auf diesen Punkt werde ich nur kurz eingehen, weil er in einem weiteren Buch ausführlicher behandelt wird.

Du solltest wissen, dass Menschen, die Erfolg aufbauen, keine Schwätzer sind! Das bedeutet konkret, dass es keine Menschen sind, die etwas versprechen und nicht einhalten. Es sind Menschen, auf die du dich stets zu 100 Prozent verlassen kannst, weil das, was sie sagen, so sein wird! Ihr Wort hat Gewicht. Sie machen auch keine Vereinbarungen, die sie nicht einhalten können. Sollte sich für sie herausstellen, dass sie wider Erwarten ein Versprechen doch nicht einhalten können, weil sich z. B. die Umstände geändert haben, dann schweigen diese Menschen nicht. Sie reden auch nicht um den heißen Brei. Sie kommen zur Sache und besprechen die Entwicklung mit dem Betreffenden.

Diese Aufrichtigkeit ist leider selten. Unzählige Male, besonders in den letzten Jahren, habe ich erlebt, wie Menschen, die erfolgreich sein wollten, Großes versprachen und anschließend nicht hielten. Ich sah mir dann jeweils an, wo sie in ihrem Leben standen und verstand, warum sie genau dort standen. Deshalb konnten sie auch nicht das haben, wovon sie träumten. Ich gehe in meiner Behauptung so weit, dass über 70 Prozent der Menschen nicht in der Lage sind, das, was sie versprechen, termingerecht und absprachegemäß einzuhalten. Es ist ein Phänomen, das mich in der Häufigkeit, in der es vorkommt, selbst immer wieder wundert, obwohl ich es mir oft genug angesehen habe. Aufgrund der Tausende von Menschen, die ich in meinen Teams hatte, kann ich das ziemlich gut beurteilen. Sie alle erinnerten sich nicht an dieses bekannte Sprichwort:

Versprochen ist versprochen und wird auch nicht gebrochen.

Ihr Verhalten hat mich zeitweise traurig gemacht. Die meisten unter ihnen waren dann noch nicht einmal in der Lage, zum Hörer zu greifen, um die Situation, hier das gegebene Versprechen, zu korrigieren. Es einfach zur Sprache zu bringen, unabhängig von den Konsequenzen. Sie verschwanden in der Unendlichkeit der Apathie. Sie verhielten sich wie ein kleines Kind, das eine Decke vors Gesicht hält, um nicht erkannt zu werden. Sie, die Wortbrecher, hofften, dass der andere vergessen, nicht nachfragen und nicht reklamieren würde. Sie hofften, dass auch wir vergaßen, weil sie gerne vergaßen.

Dieses Verhalten ist doch lächerlich, oder? Ja, es ist lächerlich, aber traurige Realität. Mehr Menschen sind von dieser unerklärlichen Feigheit betroffen, als es auf den ersten Blick den Anschein hat. Immer wieder frage ich mich, warum sie sich so verhalten, dabei weiß ich um die Antwort. Weshalb ich eine grundsätzliche Frage stelle:

Sind wir eine überwiegende Gesellschaft der Feiglinge?

Der bittersüße Erfolg

Ich sage es dir ganz klar! Wenn du nicht jemand bist, auf den man sich verlassen kann und der sein Wort termingerecht hält, wirst du es schwer haben, deinen Traum vom Erfolg zu erreichen. Schlichtweg deshalb, weil dir erfolgreiche Menschen gerne eine Chance geben, aber nur, wenn du die getroffenen Vereinbarungen einhältst. Hältst du sie mehrfach nicht ein, werden sich diese Menschen von dir zurückziehen. Sie haben weder die Zeit noch die Nerven, sich mit dir abzugeben. Sie wollen ihre Energien sinnvoller einsetzen und sie nicht verschwenden.

Auch ich trenne mich von „unzuverlässigen", gleichgültigen Menschen, und das sehr häufig. Weil viele vieles versprechen, aber nur wenige halten sich daran. Sei du immer ein Mensch, der einhält, was er verspricht. Dadurch unterscheidest du dich von der breiten Masse da draußen. Solltest du einmal in die Bredouille kommen und kannst die getroffene Vereinbarung nicht einhalten, was jedem mal passieren kann, warte nicht darauf, dass die Zeit vergeht in der Hoffnung, alles wird sich schon von alleine regeln. Nein!

Setze dich mit der Person in Verbindung und sprich KLARTEXT! Folge dem Motto:

Ein Mann – ein Wort!

Das sage ich dir als Frau, die trotz des oben genannten Mottos genug Männer kennen gelernt hat, die eben nicht danach handelten.

Sei du anders – egal ob Mann oder Frau!

Denk daran: Erfolgreiche Menschen handeln und entscheiden schnell. Erfolglose brauchen für alles eine Ewigkeit, weil sie alles Tausendmal überdenken und doch zu keinem Ergebnis kommen.

14. Die Fähigkeit der Flexibilität:

Für deinen Erfolg ist diese Fähigkeit wichtig. Eine Fähigkeit, die leider viel zu oft stiefmütterlich behandelt wird. Du hast zum Beispiel ein großes Ziel vor Augen und den Plan dafür bereits erarbeitet, wie du es erreichen willst. Du folgst in der Folgezeit sehr konsequent diesem Plan, merkst aber, dass du irgendwann einfach nicht so recht vorankommst. Oder aber du bist abhängig von Menschen, die einen Teil dessen, was sie mitgestalten wollten, nur sehr langsam und zäh angehen. Dann ist es wichtig, innezuhalten und den Kurs zu überprüfen. In einer solchen Situation kann es passieren, dass dir Menschen aus deinem Umfeld, die nicht von dieser Entwicklung persönlich betroffen sind, Tipps geben oder Vorschläge unterbreiten, wie du dein Ziel erreichen kannst. Wenn du nun stur deinem Plan folgst, wirst du jedem solcher Impulse gegenüber taub sein. Nicht zuletzt auch deshalb, weil du denkst, dass das Ganze einst so besprochen und ausgemacht war. Genauso soll es nun gemacht werden. Koste es, was es wolle!

Der bittersüße Erfolg

Diese Einstellung kann fatale Folgen haben. Du weißt nicht immer, welcher der beste Weg ist, um etwas zu erreichen. Deshalb ist es gut, hinzuhören, wenn jemand etwas sagt. Aber nicht immer - und nicht zu jeder Zeit! Nur wenn du in deinem Vorhaben ins Stocken gerätst, kann es von Vorteil sein.

Solche Impulse kommen nicht immer nur über andere Menschen. Es kann auch sein, dass sie dich über irgendwelche Nachrichten oder Botschaften erreichen. So könntest du z. B. einen spontanen Einfall haben, an dem du erkennst, dass dahinter mehr ist als nur ein Gedanke. Oder du läufst an einem Geschäft vorbei und hast eine spontane Eingebung. Selbige kann auch z. B. durch eine Äußerung oder durch einen Blickfang kommen. Selbst wenn du unter der Dusche stehst, kann dich ein solcher Impuls erreichen. Wann immer es passiert:

Höre darauf!

Du verlierst deshalb nicht dein großes Ziel aus den Augen, aber du passt es deiner jeweilig neu gewonnenen Erkenntnis an und korrigierst nötigenfalls deinen Kurs, was ich an einem Beispiel gern verdeutlichen möchte.

Du trägst dich mit dem Gedanken, durch Unterstützung von außen ein System oder z. B. einen Online-Shop programmieren oder ein Auto reparieren zu lassen (oder was auch immer), weil du selbst nicht über die erforderlichen Fähigkeiten verfügst. Nun kann es sein, dass die Menschen, mit denen du dieses Projekt umsetzen willst und es mit ihnen auch vereinbart hast, für deine Begriffe von Geschwindigkeit zu langsam arbeiten. Ihr habt ausgemacht, dass dieses Projekt innerhalb von zwei bis drei Wochen fertiggestellt sein soll. Doch nach vier bis sechs Wochen merkst du, dass die Dinge noch immer nicht, wie abgemacht, fertig sind. Ein erfolgreicher Mensch hält sich, wie du lesen konntest, an Abmachungen. Falls nicht, dann geht er mindestens von sich aus ins Gespräch und klärt die Situation mit seinem Auftraggeber. **Er wartet eben nicht, bis der Kunde sich immer und immer wieder meldet und ihn an die Vereinbarung erinnert.**

Wenn dein Auftraggeber nicht hält, was er verspricht, nimmst du als Betroffener Kontakt zu ihm auf. Du fragst nach dem Stand der Dinge. Immer und immer wieder erhältst du keine befriedigende Antwort oder nur eine unverbindliche, mit der du nichts anfangen kannst. Vielleicht hörst du auch nur, dass die ganze Sache nur deshalb so langwierig ist, weil ... Das mag ein Grund sein, entschuldigt aber nie das Verhalten. Gründe sind völlig unwichtig. Egal wie gut ein Grund ist, er ist und bleibt ein Grund und damit eine billige Ausrede, die dich an den Rand der Verzweiflung treibt, wenn dem anderen der Mut fehlt, dich wahrhaftig in Kenntnis zu setzen. Dann merkst du schnell, wie dich eine solche Situation immer mehr Energie, Kraft und positive Gedanken kostet. Schlichtweg deshalb, weil du bestimmte Erwartungen an dieses Projekt hattest und es für dich sogar eine Art Meilenstein für dein Ziel bedeutete und du nun erkennen musst, dass man dich im Stich lässt. Im weitesten Sinne bist du deinen Auftraggebern scheinbar gleichgültig. Zumindest dürfte sich bei dir dieses Gefühl einstellen. Was nicht überrascht, wie sonst soll man das Verhalten der „Wortbrecher" erklären? Deshalb kostet es dich sehr viel Kraft, je öfter du wegen dieser Situation „nachhaken" musst. Deine Enttäuschung steigt mit jedem „Es geht nicht so schnell, weil…"

Wenn du an diesem Punkt angekommen bist, halte inne!!!

Es ist nicht leicht! Ich weiß es aus eigener Erfahrung. Es ist wie eine Spirale (siehe weiter unten), die dich nach unten zieht. Versuche, dies möglichst früh zu erkennen und stoppe diesen Prozess. Ziehe dich zurück. **Wenn jemand Abmachungen nicht einhält, kannst du jederzeit zurücktreten!** Wenn du nicht zurücktreten magst, dann überlege dir andere Möglichkeiten und höre auf die Impulse, die dir neue Wege aufzeigen, um ein ähnliches Ergebnis zu erreichen. Halte nicht stur an diesem einen Projekt fest. **Lasse los**! Lass die Menschen los, die damit zu tun haben und die dich nur Energie kosten. Wenn sie langsam sind, sollen sie mit langsamen Menschen arbeiten. Wenn sie unverbindlich sind, dann sollen sie mit unverbindlichen Menschen arbeiten. Das Recht haben sie. So wie du das Recht hast, dir deine Partner auszusuchen.

Konzentriere du dich wieder auf dich selbst! **Auf dein Tempo!** Verlange von anderen nicht, dass sie sich deinen Geschwindigkeiten anpassen, und **verlange auch nicht von dir, sich ihrem langsamen Tempo anzuschließen.** Wer nicht mit dir Schritt hält, hat es auch nicht verdient, mit dir zusammenzuarbeiten. Das kostet dich in jeder Hinsicht zu viel. Und wert ist es allemal nichts.

Halte fest am Ziel - nicht aber an dem Weg, wie du es erreichen kannst.

15. Die Fähigkeit der inneren Lebensfreude

Was ich mir seit meinen frühen Kindheitstagen stets bewahrt habe, ist eine immer wiederkehrende grundlose Freude. Das zu erleben war und ist für mich das ganz große Glück. Diese Freude überfiel mich damals wie heute häufig spontan, und das auch ohne jeglichen ersichtlichen Grund. Selbst in Zeiten, in denen ich ca. 14 - 16 Stunden pro Tag arbeitete, befiel sie mich manchmal aus heiterem Himmel. In Situationen, in denen ich eigentlich hätte „erledigt" sein müssen, war ich plötzlich voller Glückseligkeit und Freude. Dadurch ging mir die Arbeit beschwingter von der Hand. Dabei hatte ich auch immer das Gefühl, noch ein Mehrfaches von dem erledigen zu können, womit ich in diesem Moment beschäftigt war. Mit den Jahren erkannte ich, dass sich diese grundlose Freude immer dann einstellte, wenn ich das tat, was meinen innersten Werten entsprach, also das, was ich gerne tat.

Genauso habe ich auch die unglaubliche Schwere, die einen fast zu erdrücken scheint, kennen gelernt, und zwar immer dann, wenn ich Dinge tat, von denen ich wusste, dass sie meinen Werten entgegenstanden. Ja, ich gebe zu: Ich bin ein Mensch, und so kam auch ich in Situationen, in denen das von mir verlangt wurde. Manchmal hat man eben zu diesem Zeitpunkt keine Wahl, wie man gehen will (man hat ja immer die Wahl, aber die andere Wahl willst du nicht gehen). Keine andere Wahl, um ein Ziel zu erreichen. Das ist wohl vergleichbar mit einer Vernunftehe, die manche eingehen. Man weiß, dass sie nicht wirklich glücklich macht, doch wissen die Betroffenen in ihrem Innersten, dass es sein muss, um dadurch das größere Ziel zu erreichen, evtl. ein Kind zu beschützen. Wir tun Dinge, weil wir sie vorübergehend wegen einer größeren Sache tun müssen oder tun wollen. Insofern ist es eine Wahl.

Ich kann dir sagen, dass du, wenn du deinem Weg folgst, den du gerne gehst, diese Lebensfreude immer wieder erleben wirst. Du kannst sie nicht kontrollieren oder herbeirufen. Sie wird einfach da sein. Bei mir war sie auch in wichtigen großen Momenten da, wenn ich einen meiner großen Träume verwirklicht hatte. Doch ich hatte sie auch, als ich jahrelang für einen Konzern ein Projekt leitete, welches ich über alle Maßen liebte. An anderer Stelle möchte ich noch einmal auf dieses Thema eingehen.

Für den Augenblick: Achte auf diese Freude. **Es ist der Moment, wenn du dir selbst aus tiefster Überzeugung sagen kannst, dass du auf dich selbst stolz bist.** Warte nicht darauf, dass andere es dir bestätigen. Dies geschieht vielleicht – meistens aber nicht! Wenn dieser Moment bei dir präsent ist, entschädigt er dich für mindestens 100 Menschen, die es vielleicht hätten sagen können. Übrigens nicht jeder, der so etwas zu dir sagen würde, meint es auch so. Deshalb nimm es in den Momenten des totalen inneren Überflusses bedingungslos an.

Ich sage:

Du darfst stolz auf dich sein, wenn du dein Bestes gegeben hast! Und du darfst nicht nur – sei es! Jetzt!

Wenn du es nicht kannst, dann schau einmal hin! Warum nicht? Kann es sein, dass du nicht im Einklang mit deinen Werten handelst? Vielleicht gelingt es dir in den nächsten Tagen. Trachte nicht danach, es zu spüren, es kommt, wann es will. ☺ Doch wenn es da ist – **genieße es** – genieße dich und deine Welt!

- **dein Schaffen!**
- **dein Tun!**
- **dein Sein!**

Denk dran:

Sich klein, unbedeutend und als Versager zu fühlen, bringt niemandem etwas. Auch nicht dir selbst. **Es bewirkt einzig, dass du es als Grund nutzen kannst, um dein Potenzial nicht auszuleben.** Also sieh hin. Wohin sollst du sehen und warum? Ist das ein Trick?

Es ist ein Trick, der dich davon abhalten soll, dein Bestes zu geben! Falle darauf nicht herein. Es ist ein Trick, um deine Komfortzone nicht verlassen zu müssen!! **Wenn du dir also selbst erzählst, wie unbedeutend, klein und schwach du bist, kommst du nicht auf die Idee, dich deiner Größe zu stellen und <u>dein Potenzial zu leben</u>.**

16. Ein Bewusstsein für den eigenen Wert und die Fähigkeit, dies einzufordern

Der letzte Punkt meiner Aufzählung hört sich ein wenig nach Punkt 12 an. Das ist Absicht. Im Kern ist er ähnlich, jedoch mit einem ganz klaren Unterschied, auf den ich hier eingehen möchte. Dadurch, dass du dir deiner Werte oder deines Schaffens bewusst geworden bist, bist du bereits einen sehr großen Schritt weitergekommen. Dieses Bewusstsein wird dir immer häufiger helfen, die richtigen Entscheidungen für dich und dein Leben zu treffen, anstatt dich einfach nur vom Strom des Tages ziellos treiben zu lassen.

Allerdings ist ein weiterer Aspekt sehr wichtig. Wenn du dir zum einen deines Wertes und damit deines Schaffens bewusst geworden bist und zum anderen diese nun der Welt präsentieren willst, solltest du Beweise dafür sammeln. Beweise sammelst du, indem du deinen Wert, dein Werk, den Menschen vorstellst. Höre auf das Feedback, das sie dir geben werden. Bitte um ehrliche Feedbacks. Wenn du diese erhalten hast und sie entsprechen dem, was auch du glaubst, dann ist es wichtig, diesen Wert festzulegen. Lege fest, wofür du ihn zur Verfügung stellen möchtest, also „eintauschen" möchtest.

Im Tausch wozu? Ist es Geld, das du möchtest, oder etwas anderes? Völlig egal, wofür du dich entscheidest. Habe den Mut, dies festzulegen und ab sofort diesen von dir festgesetzten Wert oder Preis einzufordern.

Ich habe einmal gegen diese Regel verstoßen. Darüber liest du im nächsten Kapitel. Deshalb warne ich dich davor, diesen Punkt außer Acht zu lassen.

Im nächsten Buch werde ich ausführlicher auf dieses Thema eingehen, doch so viel für den Moment: Wenn du zum Beispiel zu hoch liegst mit deinem Preis, deinen Erwartungen, deinen Einschätzungen über dich, werden dich die Menschen dies spüren lassen. Genauso wirst du es spüren, wenn du zu tief stapelst, weil es dich unter Umständen unzufrieden macht.

Erwarte nicht, dass du sofort alles zu 100 Prozent weißt. Auch dies ist ein Prozess der Entwicklung.

ie bittere Seite des Erfolgs

Nachdem wir uns detailliert damit auseinandergesetzt haben, was es braucht, um Erfolg aufzubauen, möchte ich nun auf die andere Seite der Medaille zu sprechen kommen. Die Seite, über die kaum jemand laut spricht, weil es ja sein könnte, dass dann der Wunsch nach Erfolg zerfällt und er von Einzelnen nicht mehr angestrebt wird.

Persönlich ist es mir immer lieber, vorher alles zu wissen, insbesondere die negative Seite einer Situation, da ich mich dann besser darauf vorbereiten kann. Wie bereits erwähnt, hat mich das Leben darauf nicht vorbereitet. Ich wurde quasi wie ein Nichtschwimmer ins Schwimmerbecken gestoßen und musste nun von gleich auf sofort schwimmen lernen, um nicht unterzugehen. Darüber möchte ich schreiben, nicht, damit du resigniert aufgibst, sondern damit du im übertragenen Sinne schwimmen lernst. Vergiss nie, dass mit dem Erfolg häufig, aber nicht immer, auch der Neid der Anderen kommt. Meistens von denen, die es nicht geschafft haben, erfolgreich zu werden. Schlichtweg deshalb, weil sie sich eben nicht fleißig waren und so ihrem Erfolg im Wege standen.

Neid ist eine der größten Geißeln der Menschheit und Ursache für viel Unglück. Selbst in unserer doch so aufgeklärten Welt gönnt der eine dem anderen nicht das Schwarze unter dem Fingernagel. Zwei Drittel der Deutschen sind laut einer Umfrage neidisch auf andere. Doch mehr als jeder Zweite versucht, das Gefühl der Missgunst zu unterdrücken. Das ist das Ergebnis einer repräsentativen Befragung, die die Gesellschaft für Konsumforschung (GfK) durchführte[11]. Jeder Vierte, so fanden die Meinungsforscher heraus, vergleicht seine Lebenssituation häufig mit der anderer Menschen. Bei mehr als 40 Prozent richten sich die Neidgefühle gegen Freunde und Bekannte. Dagegen missgönnen nur 12 Prozent den Prominenten ihren luxuriösen Lebensstil.

Zu ähnlichen Ergebnissen kommt auch eine Umfrage von TNS Emnid Mediaforschung. Danach missgönnen Männer anderen vor allem deren „unverschämtes Glück", Frauen missgönnen besonders Jugend und Schönheit. 61 Prozent der männlichen Befragten gaben

Der bittersüße Erfolg

zu, auf das Glück anderer Menschen neidisch zu sein, bei den Frauen waren es 42 Prozent. Jede Zweite sagte dafür, beim Anblick einer jüngeren oder schöneren Geschlechtsgenossin Missgunst zu spüren, bei den Männern waren es 35 Prozent. Jeder dritte Mann ist laut dieser Umfrage neidisch auf den Erfolg anderer im Beruf, während er selbst nicht weiterkommt oder weniger verdient. Bei den Frauen waren es 23 Prozent. Knapp ein Drittel aller Befragten missgönnte anderen ihr Auto, ihr Haus und andere Besitztümer, weil sie sich selbst mit weniger begnügen mussten. Zu diesem Ergebnis kommt auch eine repräsentative Umfrage von polis/Usuma für die Zeitschrift Focus.

Sind Sie persönlich zumindest manchmal neidisch?

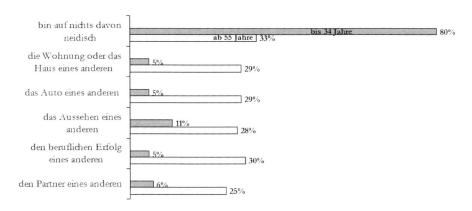

Doch nicht nur der Neid nagt am Selbstwertgefühl der Deutschen, sondern auch die zahlreichen Lügen. 94 Prozent der Männer und 86 Prozent der Frauen stellen ihre finanziellen Verhältnisse nicht ehrlich dar. Dies ist das Ergebnis einer Umfrage des Gewis-Instituts im Auftrag der Zeitschrift „Freundin". Aber auch bei anderen Themen sei Mogeln alltäglich. 64 Prozent der Männer und 49 Prozent der

Frauen gaben zu, dass sie ihre Geschichten gern etwas ausschmücken. So genannte Harmonielügen finden viele Deutsche ebenso normal. 69 Prozent der Männer und 64 Prozent der Frauen haben schon einmal gelogen, um Streit mit dem Partner zu vermeiden. Nach dem eigenen Sexleben befragt, seien die Deutschen hingegen ehrlicher, so die Zeitschrift. Nur 3 Prozent der Frauen flunkerten, während jeder siebte Mann seine erotischen Abenteuer aufbausche. Befragt wurden mehr als 1000 Männer und Frauen zwischen 20 und 60 Jahren.

Ob Lügen oder Neid, diese Charaktere machen eines deutlich: Die Mehrzahl der Bundesbürger hat ein Armutsbewusstsein. **Wer anderen Menschen sprichwörtlich „die Butter auf dem Brot missgönnt", kann mit sich und der Welt nicht zufrieden sein.** Auch wenn er das Gegenteil behauptet. Neidisch ist der Mensch, der das, was er gerne hätte, nicht hat und es beim anderen nun sieht. Mit anderen Worten: Ein neidischer Mensch lebt ständig im Bewusstsein, etwas nicht zu haben. **<u>Dadurch erzeugt er immer wieder aufs Neue ein Mangelbewusstsein.</u>** Wenn es dir an allen Ecken und Kanten fehlt, dein Geld vorne und hinten nicht reicht und du nicht weißt, wie du die restlichen Tage bis zum nächsten Zahlungseingang überleben kannst, solltest du zumindest einmal auch ernsthaft darüber nachdenken, ob du anderen ihren Erfolg gönnst. So habe ich z. B. des Öfteren gehört: „Neid musst du dir verdienen, Mitleid bekommst du umsonst". Vielleicht ist da etwas Wahres dran, solange es ein „gesunder Neid" ist. Ein gesunder Neid, falls es so etwas gibt, kann sein, dass du sagst: „Hey, der hat aber viel erreicht und geleistet, ich wünschte, ich wäre auch so tüchtig". Ein ungesunder Neid beginnt für mich dort, wo er zerstörerisch und krank machend wirkt. Dem kann ich nichts Gutes abgewinnen.

Auch ich habe Zeiten in Firmen erlebt, in denen mir mehr Neid und Missgunst entgegengebracht wurde als Anerkennung. Du wirst beim Lesen dieses Buches festgestellt haben, dass ich sehr konsequent denke und handle. Auch wenn die Umstände nicht immer optimal sind, so wie in diesem Fall, wo Erfolg auf Neid trifft, zahlt es sich aus, durchzuhalten. Und so ergab es sich, dass ich gefragt wurde, ein besonderes Projekt für die junge Generation auf den Weg zu bringen. Man suchte für diesen Unternehmensbereich einen Leader, also eine Top-Führungskraft. Das ich gefragt wurde, erfüllte mich mit Stolz. Der Grund dafür lag auf der Hand. Ich war die Jüngste in der höchsten Position im europäischen Raum und somit ein gutes Vorbild nicht nur für Europa, sondern auch für dieses weltweite Projekt. Ich zögerte zunächst, weil zu viele in dieser Position gerne mitreden wollten. Sie aber waren allesamt teilweise mehr als 20 Jahre älter als ich. Ich ließ sie wissen, dass ich dieses Projekt nur übernehmen und meine Zeit nur investieren würde, wenn sich die anderen raushalten würden. Bekanntlich verderben zu viele Köche den Brei. Ich war nicht scharf darauf, diese Aufgabe zu übernehmen. Ich wusste, dass es viel Arbeit war. Schon gar nicht, wenn jeder mitreden konnte und damit quasi „unkontrolliert" seinen Senf dazugeben durfte. Zudem sollte das Projekt nicht nur für mein Team allein stehen, sondern für die Firma als Ganzes. Also etwas, von dem alle profitieren sollten, weil es jeder seinem Team zur Verfügung stellen konnte. Meine Forderung wurde akzeptiert. Die anderen Kollegen wurden angewiesen, sich herauszuhalten. Ich konnte loslegen.

Was zögernd anfing, entwickelte sich sehr schnell zu einem Projekt, das ich mehr liebte als alles andere. Ich liebte es, mit den jungen Kollegen, dich noch nicht so viel erreicht hatten wie ich, aber das Ziel hatten, genau dahin zu kommen, zu arbeiten. Wir hatten einen super Spirit in unseren Gruppen, und das in allen Ländern Europas. Neid und Missgunst waren hier kein Thema. Es war ein anderes Denken. Ich stand in Kontakt mit den anderen Leaders, den Führungskräften aus den USA, machte Konferenz-Calls für Australien usw. Für dieses Projekt arbeitete ich Tag und Nacht. Ich ging damit sogar schlafen, weil ich nachts davon träumte. Nach dem Aufstehen ging es gleich weiter. Immer wieder hatte ich noch mehr Ideen, wie ich weiteres umsetzen konnte. Die Firma vertraute mir. Sie gab mir hohe Budgets fürs Marketing, um z. B. DVDs zu produzieren. Sie sahen, dass ihr Geld in guten Händen war und ich keinen Cent unnötig ausgab. Während ich meine Gedanken ausschließlich in das

Projekt investierte und mit ranghöheren Kollegen nur dann sprach, wenn sie mich darüber ausfragten, bemerkte ich nicht, was sich hinter meinem Rücken abspielte. Nach etwas mehr als einem Jahr nach Übernahme des Projekts rief mich ein lieber Freund und ranghöherer Kollege an, um mir von einer telefonischen internationalen Conference zu erzählen. Er erzählte mir, wie er dort für mich Partei ergriffen hatte, weil jemand anders mit meinen Leistungen glänzen wollte. Mein Freund stellte in diesem Gespräch, an dem auch die Geschäftsleitung teilnahm klar, wer eigentlich die ganze Arbeit machte. Die Verantwortlichen der Firma wollten daraufhin ein Gespräch mit mir. Dazu kam es einige Wochen später in den USA. Es war eine schöne Erfahrung für mich. Investoren wie Geschäftsleitung wollten einfach nur weitere Details zu meiner Arbeit. Nach diesem Ereignis machte ich mir keine weiteren Gedanken darüber, sondern arbeitete wie gewohnt weiter. Aber noch inspirierter und noch motivierter. Dadurch wuchsen sowohl die Gruppendynamik innerhalb dieses Projektes als auch der Zusammenhalt untereinander. Ein gutes Gefühl.

Einige Monate später hatten wir mit der Firma einen geplanten nationalen Kongress, an dem nur die deutschsprachigen Länder teilnehmen sollten, inklusive aller Vertriebspartner und deren Führungskräfte. Für unser Projekt der jungen Generation war das eine große Freude. Wir waren überzeugt, dass wir auf diesem Kongress endlich unsere Arbeit und die Ergebnisse vorstellen durften. Also bereiteten wir uns darauf vor. In der Agenda war zu lesen, dass wir Teil des Programms waren. Damit alles perfekt wurde, arbeiteten wir rund um die Uhr. Während wir für den zweiten Tag, einen Sonntag, eingeplant waren und ich dies auch genauso dem Team mitteilte, das sich auf mein Wort stets verlassen konnte, wurde ich über die tatsächlichen Pläne im Ungewissen gelassen. Müßig, an dieser Stelle alle Details zu erzählen, denn das Ende war abrupt. Etwa eine Stunde vor unserem Auftritt teilte mir der leitende Verantwortliche mit, ebenfalls eine ranghörere Führungskraft, dass wir aus Zeitgründen nicht auf die Bühne könnten. Als ich mich dagegen wehrte und ihm zu verstehen gab, dass sich die jungen Leute so sehr darauf freuten

Der bittersüße Erfolg

und sie sich darauf verlassen hatten, weil es ein Versprechen war, erhielt ich zur Antwort, dass gewisse Führungskräfte das Projekt nicht wollten. Ich verstand die Welt nicht mehr. Wir hatten zwei Jahre alles gegeben: Zeit, Schweiß und Fleiß. Es war ein Projekt, von dem ALLE profitierten, inklusiv denen, die es nun nicht haben wollten. Nun aber sollte ich diesen jungen Menschen sagen, dass jetzt alles umsonst war?

Ich wehrte mich und kämpfte darum, die Leute zumindest für einen kurzen Augenblick auf die Bühne gehen zu lassen. Es war ein unschöner Kampf. Immerhin erreichte ich, dass wir alle für weniger als fünf Minuten auf die Bühne gingen und vom Auditorium gesehen wurden. Danach spazierten wir von der Bühne, ohne auch nur ein Wort über unsere Arbeit gesagt zu haben. Die fragenden Augen der jungen Führungskräfte, die ja in einem ähnlichen Alter waren wie ich, waren auf mich gerichtet. Sie alle wollten eine Antwort auf dieses Desaster. Ich konnte ihnen keine geben, zudem konnte ich es selbst ja noch nicht fassen. Später erfuhr ich, dass es nur ein paar Menschen waren, die aus Eifersucht diesen Auftritt boykottierten. Sie fühlten sich brüskiert, weil ich seinerzeit die Verantwortung für das Projekt erhielt und nicht sie. Zudem hatte ich ja gefordert, dass sie mir in meine Arbeit nicht hineinreden durften. Im weiteren Verlauf wurde mir von meiner Top-Führungskraft, die mir auch den Bühnenauftritt verweigert hatte, nahegelegt, zu einer Notlüge zu greifen. Nach außen sollte ich erklären, dass ich das Projekt erfolgreich angestoßen und begleitet hätte, es nun aber abgeben müsste, um mehr Zeit für mein eigenes Geschäft und mein Team zu haben. Eine solche Aussage, so die Führungskraft, wäre für jedermann glaubwürdig. Mir war klar, dass, wenn ich auf diesen „Vorschlag" einginge, keiner der jungen Leute mir dies glauben würde. Sie alle wussten, wie sehr ich all das liebte, was wir taten. Und so fuhr ich von diesem Kongress wie betäubt nach Hause. Ich konnte kaum klar denken und noch weniger verstehen, was da soeben geschehen war. Zudem suchte ich den Fehler bei mir.

Was war geschehen? Ich hatte nur getan, was die Firma haben wollte. Ich hatte es gut getan. Sehr gut sogar. Die Firma als auch die anderen Länder waren begeistert. Wieso sollte ich mich jetzt zurückziehen, wo jetzt doch erst richtig gestartet werden sollte? Mehr beschäftigte mich die Frage, wie ich das alles den angehenden jungen Führungskräften sagen sollte? Schließlich mussten sie nun irgendwie alleine weiter machen. Mir war klar, wenn ich ihnen davon berichtete, würde das Team auseinanderbrechen. Nur hin und wieder nach dem Rechten zu schauen, gerade nur so wenig, damit es nicht komplett einbrechen würde, dazu war ich nach all der Arbeit nicht bereit.

Ich kam zu Hause an, noch immer unfähig, einen klaren Gedanken zu fassen. Die Nacht darauf konnte ich nicht schlafen. Ich war nicht fähig, etwas zu fühlen. Ich spürte, dass etwas in mir zerbrochen war. Etwas war gestorben. Von einem Tag auf den anderen stand alles still. Ich tat nichts mehr. Ich beantwortete keine Anrufe, reagierte auf keine der unzähligen Emails. Ich war wie tot. Die einzige Frage, die sich in meinem Kopf wiederholte, war: Warum? Tage später buchte ich mir einen Flug nach Asien, um dort andere Kollegen zu besuchen. Ich wollte Abstand. Ich reagierte immer noch nicht auf Anrufe. Die Web-Programmierer, die Firma oder das Team, sie alle machten sich Sorgen, weil sie dieses Verhalten von mir nicht kannten. Derjenige, der mir nahegelegt hatte, aufzuhören, rief plötzlich ebenfalls unzählige Male an. Es war bis zu ihm durchgedrungen, dass ich plötzlich nicht mehr erreichbar war. Bevor ich abflog, reagierte ich auf seinen Anruf. Ich sagte ihm nur, dass ich für drei Wochen weg wäre. Er versuchte, sich herauszureden. Gleichzeitig wollte er mir diese Entwicklung als Vorteil verkaufen. Es war ein Vorteil für ihn und sein Ego – nicht jedoch für mich. Doch ich hörte nicht mehr hin. Ich flog ab und kam nach drei Wochen, wie geplant, aus Asien zurück. Geläutert um eine wichtige Erkenntnis. Ich erkannte, dass dort, wo ich alles gegeben hatte, kein Platz mehr für mich war. Unter den Voraussetzungen, wie manche dieser lieben Führungskräfte es gerne gehabt hätten, wollte ich nicht mehr arbeiten. Es war zudem falsch. Und mit einer Lüge, die über die wahren Gründe hinwegtäuschte, wollte ich weder leben noch sie erzählen.

Der bittersüße Erfolg

Innerhalb von sechs Wochen nach meiner Rückkehr löste ich meinen gesamten Haushalt auf, gab mein Auto weg, verabschiedete mich von den jungen Leaders und ging mit nur zwei Koffern ganz weg. Ich wollte nur noch weg, möglichst bis ans Ende der Welt. Ich flog nach Asien. Das war der Bruch. Der Bruch in mir. Der Bruch des Vertrauens und der naive Glaube an das Gute. Wenn du noch nie so etwas erlebt hast – dann nur deshalb, weil du bislang nirgends dein Bestes gegeben hast und deine Arbeit nie mehr geliebt hast als alles andere.

Wenn du doch für alle etwas tust, so wie es von der Firma gewollt war, und man dir dann so den Stuhl vor die Tür stellt, macht eine Zusammenarbeit keinen Sinn mehr. Ich blieb zwar in Asien und dadurch der Firma zwei weitere Jahre erhalten. Innerlich aber war ich nicht mehr da. Ich wurde von der Firma gebeten, in Asien dasselbe Projekt auf die Beine zu stellen. Das konnte ich nicht. Ich hatte nicht mehr den Willen dazu. Zu stark war der Riss zwischen mir und dem was geschehen war. Immer und immer wieder dachte ich darüber nach, was ich falsch gemacht haben könnte.

Irgendwann erkannte ich die Wahrheit. Was mir von manchen Führungskräften übel genommen wurde, war nicht die Tatsache, dass ich zu wenig arbeitete, zu wenig Erfolg damit hatte oder grobe Fehler machte, sondern einfach, dass ich zu gut war. Sie hatten ein Problem damit, dass das, was ich tat, zum einen beliebt war und zum anderen bei allen anderen, der Firma, im Ausland, bei den angehenden jungen Führungskräften, gut ankam. Es störte sie, dass die jungen Menschen mehr auf mich hörten als auf sie. Sie konnten auch nicht verstehen, dass ich das, was ich tat, nicht aus reiner Profitgier tat, sondern aus Leidenschaft, Liebe und Überzeugung. Ich schaffte nicht für die Anerkennung der Firma, und doch bekam ich trotzdem mehr davon als sie. Dieses Gute war es, was sie zerstören und kaputt machen wollten – nicht irgendetwas Schlechtes.

Auf der Bühne predigten sie, es gäbe keine Konkurrenz. Jeder helfe jedem. Was ich erlebte, war etwas anderes. Und gleichzeitig stimmte es auch, was sie sagten. **Es gab keine Konkurrenz, solange man sich nicht von ihnen abgehoben hatte.** Man durfte kein Alleinstellungsmerkmal haben. Nicht einmal besser oder anders sein. Doch so war ich, anders, und genau das haben sie mir übelgenommen. Das war mein Fehler. Mit dem, was ich tat, war ich bei der Firma zu gut angesehen, nicht aber bei manchen von ihnen. Deshalb mussten sie es im übertragenen Sinne zerstören.

Zwei Jahre später verließ ich die Firma, obwohl ich viele Kollegen immer noch sehr schätzte und auch das Unternehmen noch immer großartig fand. Ich wechselte zu einem anderen Unternehmen und nahm nie wieder ein Projekt an, an dem mein Herz hing. Die neue Firma wollte das Projekt gerne haben. Doch ihre Bedingungen konnte und wollte ich nicht akzeptieren. Zudem war mir klar, was mich erwarten würde. Deshalb lehnte ich ab. **Wo war in diesem Ganzen mein Fehler gewesen?**

Es ist immer wichtig zu schauen, was man daraus lernt und wo die eigene Verantwortung liegt. Es geht hier in diesem Beispiel also nicht darum zu sagen: die bösen Kollegen, sondern zu erkennen, gegen welches Naturgesetz ich damals verstoßen hatte, dass dies geschehen konnte.

Ich weiß es! Ja, ich weiß es – und genau dazu stehe ich auch.

Mein Fehler lag zumindest teilweise in dem letzten Punkt 15: **Ein Bewusstsein für den eigenen Wert und die Fähigkeit, diesen einzufordern.** Genau dagegen hatte ich verstoßen. Ich hatte zwei Jahre lang Tag und Nacht gearbeitet. Mit der größten Freude und viel mehr als nur zur Zufriedenheit der Firma. Doch hatte ich eine Sache vergessen. Dadurch, dass ich bereits gutes Geld verdiente, tat ich das alles unentgeltlich. Zwei wertvolle Jahre hatte ich all die viele Arbeit gemacht. Meine Energie rund um die Uhr für die Firma investiert, ohne auch nur einen Cent dafür zu verlangen. Dabei sorgten die „bösen" Kollegen mit ihrem Verhalten nur für Ausgleich.

Für mich war die Botschaft klar: Ich hatte aufzuhören in etwas zu investieren, was nicht MEINES war.

Das war mein größter Fehler!

Sicher übernahmen auch andere Kollegen in dieser Firma unentgeltlich Aufgaben oder teilten ihre Erfahrungen. Davon lebt ja der Vertrieb. Doch schoss ich übers Ziel hinaus. Mein Verhalten war alles andere als intelligent. Ich hatte für die viele Arbeit keinerlei Entschädigung erhalten und wurde am Ende sogar abgeschoben. Damit nicht genug. Die Freude an diesem Projekt was das Größte und Höchste für mich. Auch das wurde mir genommen. Da fällt mir ein sehr passendes Zitat ein:

Demjenigen, der wenig hat, dem wird auch noch der Rest genommen.

In dem Fall traf das voll auf mich zu. Ich hatte nichts dafür genommen, und nun wurde mir auch noch das, was ich davon hatte, die Freude am Tun, etwas Neues zu erschaffen, genommen. Heute weiß ich es besser. Du siehst also, es bringt mir nichts, mit dem erhobenen Finger zu sagen: „Oh, die bösen Kollegen damals". Denn sie waren so, wie sie waren. Es war ihr Charakter, dem sie treu blieben. Es geht für mich in dem Fall vielmehr darum zu erkennen, was ich falsch gemacht habe. Ohne mich deshalb zu verurteilen, sondern einfach nur um klar zu erkennen. Deshalb mein Rat an dich:

Wenn du etwas so intensiv und gerne tust, wie ich es getan habe, musst du immer **auf das Gleichgewicht des Gebens und Nehmens achten.**

Deshalb gilt:

Wenn dir jemand erzählt, dass es in deinem Geschäft, deiner Branche, deinem Vertrieb keine Konkurrenz, keinen Machtkampf, keine

Egospiele oder was auch immer Derartiges gibt, dann hat er hierfür mindestens zwei mögliche Gründe:

a) Er möchte dich dadurch nicht verunsichern, weil er Angst hat, dass dich das erschreckt, und dazu bringen könnte, aufzuhören.

b) Er hat selbst noch nicht wirklich etwas Außergewöhnliches erreicht. Deshalb konnte niemand ihm/ihr gefährlich werden. Mit anderen Worten: Er selbst hatte noch keinen ausreichenden Erfolg.

Mein Erlebnis in der beschriebenen Firma ist kein spezielles. Das passiert überall. Wer aus seiner grenzenlosen Naivität erwacht, erkennt das. So wie ich. Wenn du es weißt, dann handle du anders und warte nicht darauf, dass dir das passiert, was mir passierte. Achte besser auf dich. Das ist meine Botschaft an dich, denn:

„Es bedarf einer unglaublichen Größe und eines starken Charakters, keine Angst vor der Größe eines Mitmenschen zu haben."

Habe auch du die Größe, keine Angst vor jemandem zu haben, der in irgendetwas besser ist als du. Schaue lieber hin und erkenne, worin deine einzigartige Stärke liegt.

Erkenne, dass es immer Menschen geben wird, die:

a) sich in dem, was du leistest, sonnen wollen. Sie wollen in deinem Erfolg glänzen, ohne dass sie selbst etwas dafür getan haben. Dies erreichen sie, indem sie sich in deine Nähe und in deine Gunst einschleimen.

b) versuchen, das, was du hast, zu kopieren bzw. es nachzumachen, ohne dass sie sich selbst dazu Gedanken gemacht haben.

c) wenn a & b nicht gelingen, auf hinterhältige Art versuchen, es zu zerstören oder dir mit aller Gewalt ein schlechtes Gewissen einsuggerieren.

Erkenne bitte, dieses nicht als etwas Tragisches anzusehen, auch wenn es nicht gerade berauschend ist. Siehe dieses Verhalten als Teil unserer heutigen Gesellschaft an. Es gibt Falschheit und es gibt Lüge. Dies zu negieren ist töricht, naiv und dumm zugleich. **Doch darf dich das alles nicht davon abhalten, trotzdem dein Bestes zu geben!**

Aus meiner Sicht und wie ich es verstehe, kommen wir alle in einer Art neutralem Bereich, den ich Nullpunktebene nenne, zur Welt. Vor meinem geistigen Auge sehe ich folgendes:

Positive
Lebensspirale

———————————————————— Nullpunktebene

Negative
Lebensspirale

Mit den Lebensjahren, abhängig von Kindheit und Erziehung, entscheidest du dich dann bis zu einem gewissen Grad, für dein weiteres Schicksal. Manche werden durch die Kindheit, die Erziehung und all das, was sie erleben und was sie prägt, stärker, hoffnungsfroher, optimistischer und lebensbejahender, andere das Gegenteil.

Die erste Sorte erhebt sich von der Nullpunktebene, also aus dem Bereich des Neutralen. Sie streben nach oben, in das positive Feld. Nicht linear, sondern ähnlich einer Spirale. Je mehr sie bereit sind „von sich zu geben", desto größer wird der „Trichter". Diese Personen weigern sich auch zu kapitulieren, wenn die Umstände schwieriger werden. Wenn du zum Beispiel versuchst, das Beste aus dir herauszuholen und das Beste aus dir und deinen Möglichkeiten zu machen, obwohl die Umstände ungünstig sind, bewegst du dich auf der Spirale nach oben. Du musst auf dem Weg nach oben auch Rückschläge einkalkulieren. Doch darfst du dich davon nicht abhalten lassen, deinen Erfolg aufzubauen.

Wenn du dich jedoch immer wieder als ein Opfer siehst und somit die Nullpunktebene in Richtung nach unten verlässt, wird sich das Negative genauso verstärken. Du bewegst dich in die falsche Richtung, wenn du z. B. denkst, das Schlechte geschieht nur dir und alle anderen haben es doch so viel leichter. Je mehr du diesen schlechten und negativen Gedanken, Gefühlen und Emotionen Raum gibst, umso mehr rutschst du ab, desto tiefer versinkst du im „Elend". Je tiefer du sinkst, desto schwerer wird es für dich, wieder nach oben zu kommen. Eine solche Entwicklung kann zu einem Burn-Out führen oder sogar in einer Depression enden.

Es gibt den dritten Bereich. Der steht für den Versuch, sich nicht zu bewegen und somit auf der Nullpunktebene zu verharren. Weil es noch immer Zeitgenossen gibt, die genau das tun, werde ich dieses Thema in einem weiteren Buch bearbeiten. Für den Augenblick sei gesagt: Wer so lebt, lebt ein Leben ohne nennenswerte Höhen und Tiefen. Eintönig eben. Andererseits ist diese Position geeignet, objektiv zu schauen, wie sich die Erfolgsspirale nach oben oder nach unten in Bewegung setzen kann, damit ein wenig zu spielen und zu beobachten.

Schau, welche Voraussetzungen erforderlich sind, um sich den erfolgreichen Menschen anschließen zu können. Dafür braucht es nicht unbedingt eine Hochschulreife oder ein Studium, sondern eher einen gesunden, klaren Menschenverstand, ein Herz und einen starken Willen.

Wie du hier erkennen kannst, ist es nicht erforderlich, unter einem besonders guten Stern zur Welt zu kommen, obwohl dies sicher seine Vorteile haben kann. ☺

Ich glaube jedoch, dass 97 Prozent der Menschen NICHT unter einer super günstigen Sternenkonstellation geboren wurden. Die, die diese Ehre haben, sind Wissende, Eingeweihte sozusagen, die sich seit vielen Generationen mit Astronomie, Astrologie und Ähnlichem in ihrer tiefsten Form befassen.

Da ich kaum jemanden kenne, der das von sich behaupten kann, sage ich dir das was ich weiß: Völlig unwichtig, unter welch einer Konstellation du geboren wurdest, du kannst entscheiden, in welche Richtung du dich in deinem Leben bewegen willst. Du kannst entscheiden, wie viel du wissen willst, denn:

Wissen ist nicht verborgen! Du musst das richtige Wissen nur finden (wollen).

Ich sage nicht, dass es leicht ist! Ich sage nicht, dass es reicht, positiv zu denken. Das wäre eine Lüge. Aber ich sage dir, dass du jeden Weg gehen kannst, wenn du dich buchstäblich auf den Weg machst.

Der bittersüße Erfolg

Eines solltest du wissen:

Erfolgreiche Menschen sind keine ständigen Sieger!

Sie werden genauso vom Schicksal getroffen und müssen Niederlagen hinnehmen wie alle anderen auch. Doch gehen sie mit dem Unvermeidlichen anders um als der Durchschnitt, der sich oft schon von kleinen Rückschlägen einschüchtern lässt.

Weniger erfolgreiche Menschen können genau das nicht. Sie klammern sich an das bisschen, was sie auf den Weg gebracht haben, in der Hoffnung, das Schicksal werde es richten, sodass sich am Ende der Erfolg doch noch von alleine einstellt. Die Presse ist voller Beispiele, die eindrucksvoll das Verhalten dieser Menschen dokumentieren.

Wenn ein Kleinunternehmer aus Mangel an Kunden oder Liquidität seinen Betrieb aufgeben muss, geschieht das häufig still und leise. Die Öffentlichkeit nimmt davon überhaupt keine Notiz. Doch sobald ein größerer Arbeitgeber ein Werk schließt oder einen größeren Arbeitsplatzabbau verkündet, gehen die Betroffenen mit Trillerpfeifen, Mikrophonen und Transparenten auf die Straße, um für den Erhalt ihrer Arbeitsplätze zu kämpfen.

Das ist gut so, denn wer kämpft, kann verlieren. Wer nicht kämpft, hat bereits verloren. Doch macht es wenig Sinn, in den Kampf zu ziehen, wenn dazu die richtigen Mittel fehlen. Wenn ein Werk schließt, weil es vielleicht nicht mehr gewinnbringend arbeiten kann oder weil die Nachfrage nach den Produkten eingebrochen ist, welchen Sinn soll es dann machen, hier weiterhin Menschen zu beschäftigen, die am Monatsende ihr Geld verlangen?

Ein Arbeitgeber, der natürlich profitorientiert denken und handeln muss, ist ja keine caritative Einrichtung, sondern ein an den Bedürfnissen des Marktes ausgerichtetes Unternehmen, das auf Kunden angewiesen ist. Diese Kunden sind es, die das Geld in das Unternehmen tragen, und nicht nur der Chef selbst. Er kann zwar sein Bestes geben, bleiben jedoch die Kunden aus, dann bleibt auch das Geld aus. So einfach sind die Wirtschaftsgesetze, und doch versuchen nicht selten einige Arbeiter und Arbeitnehmer, diese außer Kraft zu setzen, indem sie auf die Straße gehen und das Management als das Feindbild des Tages darstellen.

Wichtig ist in solchen Momenten, dass du die momentane Realität akzeptierst, ohne dich ihr auszuliefern.

Es ist ein gewaltiger Unterschied, etwas zu einer bestimmten Zeit als Tatsache zu akzeptieren oder sich der Situation als Opfer auszuliefern, das keine andere Möglichkeit hat. Setze dich hin und plane eine neue Lebensroute. Aus diesem Holz sind alle mir bekannten erfolgreichen Menschen geschnitzt. Sie haben, ich wiederhole mich, auch ihre Niederlagen gehabt, doch jammerten sie nicht ewig rum. Sie handelten. **Sie haben Verantwortung übernommen!**

Viele Menschen tun genau das nicht. Wenn sie sich nicht aufgegeben haben, dann klammern sie an dem alten System in der Hoffnung, der Kelch des Untergangs möge an ihnen vorbeiziehen. Die meisten leben nach dem Motto:

„Man muss mit dem zufrieden sein, was man hat."

Sie reden ihr Leben schön und schimpfen mit denen, die dieses Lebensmotto nicht teilen, weil sie nach der Redensart leben: „Jeder ist seines Glückes Schmied". Ich will hier nicht alle über einen Kamm scheren, doch weiß ich, dass die meisten der so genannten „zufriedenen" Menschen alles andere als zufrieden sind. Das Zahlenmaterial, das aus der Wirtschaft kommt, ist eindeutig. Danach waren z.B. in Deutschland im Jahr 2011 nur noch 14 Prozent (!) der Arbeitnehmer wirklich motiviert bei der Arbeit. 23 Prozent hatten keine Bindung zu ihrer Arbeit und zu ihrem Arbeitgeber. Demgegenüber standen immerhin noch 63 Prozent, die eine emotionale Bindung zum eigenen Arbeitsplatz hatten, wenn auch nur eine sehr geringe, aber immerhin. Tatsächlich haben in Deutschland

mehr als 85 % der Arbeitnehmer innerlich schon gekündigt!

Die Wirtschaft beziffert den Schaden, der durch unzufriedene Mitarbeiter verursacht wird, auf rund **110 Milliarden Euro jährlich. In einer Studie wurde festgestellt, dass Diebstähle, die durch angestellte Mitarbeiter aufgrund fehlender Zufriedenheit am Arbeitsplatz verübt werden, in den USA zehnmal mehr Geld kosten als die dortige Straßenkriminalität.** Lass dir das einmal auf der Zunge zergehen und denk darüber nach, was es bedeutet.

Ganz ehrlich: Diese Entwicklung macht mich sehr traurig. Nicht nur, weil die Menschen sich ihrer Möglichkeiten berauben und damit weniger Lebensfreude verspüren, sondern weil sie krank werden. Schleichend, und das ist das Gefährliche daran. Das „**sich Aufgeben**" erfolgt stufenweise und endet häufig in einer Sucht, meist Alkohol, Drogen, Sex oder Tabletten. Sucht hat viel mit suchen zu tun. Man sucht nach einem glücklichen, selbstbestimmten Leben, und doch wird man nicht fündig, und so sollen es dann die Umstände, das System, die Politik, die Eltern, die Erziehung etc. sein, die Schuld am eigenen Versagen sind.

Wenn du heute raus gehst und diese unzufriedenen Menschen fragst, wer an der Misere die Verantwortung trägt, antworten ca. 70 Prozent der Befragten:

die Regierung, das System, die Großkonzerne usw.

Ich will nicht behaupten, dass die Regierung alles perfekt macht. Ich will auch nicht behaupten, dass das System, in dem wir leben, perfekt ist. Meiner Meinung nach ist es das nicht. Doch noch weniger nahe der Perfektion sind die Menschen, die meinen, dass jeder andere Schuld ist und die Verantwortung trägt – **aber niemals sie selbst!**

Wach auf! Wenn du mit deinem Job unglücklich bist – dann WECHSELE in einen anderen! Tu etwas, was dir liegt!

Ich wiederhole mich an dieser Stelle, wenn ich sage: Ich kam mit nichts außer den Kleidern, die ich am Leib trug, und ohne die Sprache der Deutschen zu sprechen, nach Germany. In dieser Zeit machte ich sehr viele Fehler. Zum einen aufgrund meiner Naivität, zum anderen aus Unwissenheit. Deshalb war der Start hier hart, ja fast schon grausam. Aber ich habe es mehrfach geschafft! Ich baute mehrere Erfolge auf. Trotz des nicht perfekten Systems, trotz der nicht perfekten Regierung, trotz der nicht perfekten Politik. Das ist es, worum es im Leben geht. **Wenn alle Bedingungen perfekt sind, kann es jeder. Wenn die Bedingungen gar nicht vorhanden sind und es dann doch möglich wurde, das macht den Meister aus.**

Mancher wird sich fragen, ob der Start für mich hier in Deutschland schwer war. Ja! Mehr als du es dir in diesem Moment vorstellen kannst. Weil ich es aus diesen Umständen heraus geschafft habe oder, wie gelesen, mein Bruder nach so vielen Jahren seinen Traumjob bekam, weiß ich, dass es viel mehr Menschen könnten, als es derzeit der Fall ist. Lass dir sagen:

> Ich sagte nicht, dass ich glaube. Ich sagte,

ICH WEISS, dass es mehr Menschen könnten. Ich sagte nicht, dass es alle könnten, aber definitiv mehr, als es im Moment sind. Du trägst den Schlüssel zum Erfolg in dir, doch musst du auch das passende Schloss dazu finden. Resignieren, jammern, hadern, zaudern, das alles bringt dich keinen Schritt weiter. Es führt zu nichts! Sorry, ich muss mich korrigieren. Es führt doch zu etwas, nämlich zu unsäglichen Schmerzen. Damit manche diesen seelischen Schmerz nicht mehr spüren müssen, suchen (Sucht) sie nach Auswegen, also nach Ausflüchten durch Betäubung in Alkohol, Sex-Affären etc. Das betäubt für den Augenblick, doch nicht dauerhaft. Sorgen und Prob-

Der bittersüße Erfolg

leme können nämlich sehr gut „schwimmen". Ertränken lassen sie sich nicht.

Es ist schon bemerkenswert, in welchen Zeiten wir leben. Noch nie in der Geschichte mussten die Menschen so wenig arbeiten wie heute. Statistisch gesehen leistest du als Europäer jährlich nur noch 1.550 Arbeitsstunden. **Das sind rund 500 Arbeitsstunden pro Jahr weniger als noch 1960.**

Weniger Arbeit, mehr *freie Zeit*
Tatsächliche Jahresarbeitszeit je Arbeitnehmer im internationalen Vergleich (in Std.)

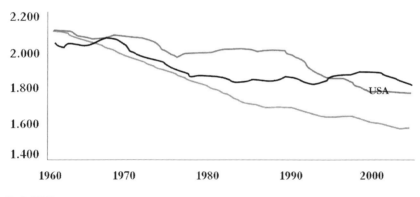

(Quelle: OECD)

Und doch sind so viele so unglücklich und jammern über zu wenig Freizeit. Was auch nicht wirklich überrascht. Schließlich gab es ja auch noch nie so viel Technik wie heute. Fernsehen, Internet, Smartphone oder Social-Media-Networks „zwingen" uns permanent zum Handeln. Zum unsinnigen Handeln. Oder welchen Nutzen ziehen die User aus Social-Media-Netzwerken, wenn sie hier posten, wann sie mit wem gefrühstückt haben, welche Hose sie heute zu ihrer Bluse anziehen werden und wann sie den nächsten Bus nehmen, und das mehrfach pro Tag? Doch auch hier die Frage, wer entscheidet, dies zu tun? Sind es die Inhaber dieser Plattformen oder du selbst? Was wäre z. B. Facebook ohne seine eine Milliarde registrierten nicht immer aktiven Mitglieder?

Wer trägt die Verantwortung?

Wenn du etwas postest, dann poste temporär etwas Sinnvolles oder etwas, das dir wirklich Spaß macht. Etwas Außergewöhnliches, aber doch nicht stündlich über das, worüber du gerade nachdenkst oder was du tust. Wem soll das etwas bringen? Auch dies führt zu einer Sucht. Einer Sucht nach ständiger Kontrolle, ob jemand reagiert hat oder nicht. Versteh mich bitte nicht falsch. Ich selbst nutze Social Media-Netzwerke täglich. Aber weniger ist auch hier mehr. Darüber habe ich oft Gespräche mit Menschen, die mir großspurig von ihren Wünschen erzählten, geführt. Doch sobald ich ihnen Möglichkeiten aufzeigte, die sie ins Handeln bringen sollten, damit sie mehr aus ihrem wertvollen Leben machten, passierte nichts. Ich musste immer wieder feststellen, dass sie Meister im Erfinden von Ausreden waren:

- Würde ja gerne, habe aber keine Zeit.
- Kein Bedarf.
- Bin ja eigentlich ganz zufrieden.
- Meine Familie ist mir wichtiger.
- Mein Partner ist dagegen.
- Ich habe ein Kind, usw.

Im schlimmsten Fall wurden sie ungehalten, weil ich die Stirn hatte zu unterstellen, dass sie unglücklich seien. Doch bekanntlich hat jede Medaille zwei Seiten. Von der einen Seite schrieb ich bis hierher. Es gibt Menschen, die unterhalb ihres Potenzials leben und keine Anstalten machen, das zu ändern. Die andere Seite der Medaille handelt von Menschen, die gezwungen werden, ein durchaus vorhandenes Potenzial leben zu müssen. Sie haben keine Chance, das zu verhindern. Was zur ersten Seite der Medaille kein Widerspruch ist. Während die erste Seite selbstbestimmt entscheidet, wird die zweite bis zu einem gewissen Grad fremdbestimmt. Das Folgende vom argentinischen Schriftsteller Jorge Luis Borges (1899-1986), von dem ich nicht viel gelesen habe, gefällt mir besonders, weil er in wenigen Sätzen ausdrückt, worum es im Kern unseres Lebens geht: *„Das Leben besteht aus Augenblicken"*, oder wie John Lennon sagte:

„Leben ist das, was passiert, während wir andere Pläne schmieden."

Borges schreibt:

- Wenn ich mein Leben noch einmal leben könnte, im nächsten Leben würde ich versuchen, mehr Fehler zu machen.

- Ich würde nicht so perfekt sein wollen.

- Ich würde mich mehr entspannen.

- Ich wäre ein bisschen verrückter, als ich es gewesen bin.

- Ich würde viel weniger Dinge so ernst nehmen.

- Ich würde nicht so gesund leben.

- Ich würde mehr riskieren, würde mehr reisen, Sonnenuntergänge betrachten, mehr bergsteigen, mehr in Flüssen schwimmen.

Weiter schreibt er: *„Ich war einer dieser klugen Menschen, die jede Minute ihres Lebens fruchtbar verbrachten; freilich hatte ich auch Momente der Freude, aber wenn ich noch einmal anfangen könnte, würde ich versuchen, nur mehr gute*

Augenblicke zu haben. Falls du es noch nicht weißt, aus diesen besteht nämlich das Leben: nur aus Augenblicken; vergiss nicht den jetzigen."

Häufig zwingen die Eltern ihre Kinder in Berufe oder zu Leistungen, die diese innerlich ablehnen, weil sie sich damit nicht verbunden fühlen. Die Eltern aber berufen sich dabei auf Familien- und Firmentraditionen, denen bedingungslos zu folgen ist, anstatt zu schauen, was die tatsächliche Leidenschaft ihrer Kinder ist.

Manchmal sind die Erziehungsberechtigten selbst solch große Lichtgestalten, dass ihre Kinder in ihrem übermächtigen Schatten groß geworden sind. Diese Eltern sind so übermächtig, dass die Kinder keine Chance auf ein eigenes Leben haben. Schon früh werden sie auf Erfolg, Produktivität, Etikette und Bildung in eine bestimmte Richtung getrimmt, sodass ihr eigenes Kinderleben auf der Strecke bleibt. Auch hier endet das Erwachsenenleben häufig im Desaster. Bei manchen in Drogen, Exzessen usw. mit jeglichem Mangel an Gefühl für die eigenen Werte.

Was würdest du sagen, wer dafür die Verantwortung trägt?

Wer trug bei dir die Verantwortung? Bis zu einem gewissen Grad und bis zu einem gewissen Alter behaupte ich, deine Eltern, deine Erziehung, aber auch dein Umfeld, in dem du dich aufhältst. Doch ab einem gewissen Alter kannst du nicht mehr die Familie dafür schuldig sprechen. Ab dem Moment, in dem du in der Lage bist, Recht von Unrecht zu unterscheiden, ab dem Moment bist du auch in der Lage, dich für eine andere Wahrheit zu entscheiden.

Auch ich musste diese Erfahrung machen. Ich habe mehrfach rebelliert. Ich wusste, dass das, was mir vorgelebt wurde, zum Teil nicht von mir so gewollt war (siehe mein Ebook). Ich habe gesucht. Ja, sogar sehr lange gesucht. Eine harte Zeit. Es wäre leichter gewesen, zur Flasche zu greifen, um im Alkoholrausch die Antworten zu finden. Doch was wären das für Antworten gewesen? Natürlich entschied ich mich klar dagegen. Alkohol lockert die Zunge, lässt einen

Der bittersüße Erfolg

Blödsinn erzählen. Er benebelt aber viel eher das Hirn, sodass man nicht mehr in der Lage ist, einen klaren Gedanken zu fassen. Deshalb sind Alkohol und jede andere Form von „Drogen" keine Lösung. Ich frage dich an dieser Stelle:

Wofür entscheidest du dich? Wie viel Mut hast du?

Natürlich gibt es Kinder, die in Familientraditionen aufwachsen und die sich berufen fühlen, diese, familiär wie geschäftlich, fortzuführen. Das ist sehr gut. **Es bedeutet, dass diese Kinder ihrer Leidenschaft folgen.** Dann ist es auch der richtige Weg. Wenn aber diese Kinder „aus der Art" schlagen, weil sie nicht den elterlichen Hof weiterführen möchten, sondern eines Tages z.B. als Lehrer einer Realschule Kinder unterrichten möchten, dann sollten, nein dann müssen die Eltern dieser Kinder diesem Wunsch Rechnung tragen.

Der bittersüße Erfolg

Wie du bisher sehen konntest, habe ich eine sehr klare Meinung und Einstellung zum Erfolg. Trotz meiner Ausführungen möchte ich dir an dieser Stelle vorab noch etwas mit auf den Weg geben: Wenn du mit deiner aktuellen Lebenssituation glücklich und erfüllt bist, dann bist du automatisch auch erfolgreich! Denn:

Ein erfolgreiches Leben bedeutet für mich auch, ein glückliches und erfülltes Leben zu führen. Das zu tun, was man liebt, ist Erfolg. Erfolgreich bist du auch, wenn du das, was du dir vorgestellt hast, erreicht hast. Wenn du dein Potenzial leben kannst, dann bist du natürlich auch sehr erfolgreich!

Ich fasse zusammen:

- Erfolg ist für mich das, was sich jemand aus eigener Kraft, mit reiner Willensstärke und Mut, unabhängig der Widrigkeiten, aufgebaut hat und darüber hinaus seinen Prinzipien und Werten treu geblieben ist, also seinen Idealen.

- Bei denen, die Erfolg geerbt haben, bedeutet er, wenn ihr Tun ihrer Leidenschaft entspricht, ein stetiges weiteres Wachsen verbunden mit der Gewissheit, ihr Bestes gegeben zu haben.

Vergiss bitte nicht. Erfolg bedeutet für mich NICHT:

- manipulierter, kopierter und bewusst gestohlener Erfolg.

Auch über diese Feststellung habe ich eine Kolumne verfasst. Hier schrieb ich, dass viele Menschen glauben, wenn sie etwas einfach gut genug kopieren, nachmachen oder stehlen, genauso gut zu sein wie derjenige, von dem das „Original" stammt. Das passiert nicht häufig, weil das Original von den Emotionen des Autors gefärbt ist und diese Botschaften, die sogenannten „Zwischen den Zeilen", lassen sich eben nicht kopieren. Wegen dieser Gefühle im Text wurde der Autor erfolgreich. Wenn du sein Skript nun kopierst, folgst du nur einer eventuellen Gier (nach mehr Erfolg, Aufmerksamkeit, Geld usw.), weil du dich nur in den Kreis der Erfolgreichen einreihen möchtest, obwohl es dir nicht zusteht. Genau deshalb wirst du entweder nie dasselbe erreichen wie der andere und somit langfristig scheitern oder es nur mit sehr viel Mühe halten können. Das allein ist schon schlimm. Viel schlimmer aber ist es, dass du alles andere als glücklich dabei sein wirst. Merke:

Du wirst nie dieselbe Erfüllung dabei empfinden wie derjenige, der es erschaffen hat.

Seine Ziele waren andere. Deine waren vielleicht nur, möglichst schnell herauszukommen aus dem Mangel. Das gelingt aber nicht vollständig, wenn man andere in ihrem Verhalten kopiert, ohne es verstanden zu haben.

Weil deine hintergründige Motivation **Mangel** war! Deshalb wirst du scheitern. **Selbst wenn du auf der materiellen Ebene Erfolg haben wirst, wirst du innerlich keine Erfüllung haben, sondern MANGEL behalten.**

Dann gibt es noch die Menschen, die einen sogenannten unbewussten Zufallserfolg verbuchen konnten. Dabei handelt es sich um Zeitgenossen, die es durch einen Zufall geschafft haben, etwas „auf die Beine zu stellen". Wenn sie diesen Zustand, aus welchen Gründen auch immer, verlieren würden, würden sie untergehen. **Für sie würde eine Welt zusammenbrechen, weil sie ihren Erfolg nicht wiederholen könnten.** Das wird insbesondere bei Künstlern deutlich, die nur ein so genannten One-Hit-Wonder landeten. Ein einziger Hit. Danach oder davor nur Flops.

Doch man muss sich nicht diese Prominenten zum Vorbild nehmen. Es gibt doch tatsächlich „Normalsterbliche", die ernsthaft der Meinung sind, dass es reicht, drei bis vier Seminare zu besuchen, um da-

Der bittersüße Erfolg

nach selbst Seminare geben zu können. Wie dumm ist denn das? Das wäre genauso, als würde ein Konzertbesucher, der noch nie eine Gitarre in seinen Händen hielt, davon überzeugt sein, selbige nach dem gehörten Konzert spielen zu können. Denke auch an die vielen Millionen Fußballfans, die ihren Idolen genau erzählen können, wie sie denn den Ball hätten schießen müssen, damit das Tor erzielt worden wäre. Dabei haben sie selbst noch nie einen Ball in ihren Händen gehalten. Zur Erinnerung:

>Frage einen Erfahrenen, keinen Gelehrten, denn

Erfolg wirst du nicht erreichen, nur weil du theoretisch weißt, wie etwas geht, sondern durch die jahrelange Erfahrung und das gelebte, umgesetzte Wissen. Deshalb gefällt mir dieses chinesische Zitat so gut, das ich bereits erwähnte:

> *Wenn du etwas wissen willst, frage einen EFAHRENEN*
> *und keinen Gelehrten.*

Zusammenfassung

Der bittersüße Erfolg

Ich könnte noch sehr viel mehr zum Erfolgsthema schreiben und dir so noch mehr Tipps geben. Ich weiß aber, dass du deshalb nicht automatisch auch gleich mehr Erfolg haben wirst.

Ich werde weitere Erfolgsaspekte, die ebenfalls sehr wichtig sind, in meinen weiteren Büchern beschreiben.

Deshalb möchte ich dieses Buch beenden und dir einige Hausaufgaben geben. Wenn du bereit bist, sie zu lösen, wirst du ins Handeln kommen, was, wie du gelesen hast, wichtiger ist als alles andere.

Du hast auch gelernt, dass Wissen allein dir gar nichts nützt. Außer dass du damit in Gesprächsrunden angeben könntest. Das aber ist alles heiße Luft. Bei der ersten Frage wirst du in die Knie gehen und bloßgestellt. Deshalb meine Empfehlung:

Arbeite daran, Erfahrung und Praxis zu generieren. Daraus ergibt sich eine andere Art von theoretischem Wissen. Ich nenne dieses verwandelte Wissen ein lebendiges Wissen. Nimm dir nun noch einmal folgende 16 Punkte vor, über die ich in diesem Buch geschrieben habe. **Beurteile dich mit diesem neuen Wissen ehrlich und selbstkritisch:**

1. Die totale Verantwortung gegenüber dem eigenen Leben und dem eigenen Erfolg
2. Risiken eingehen
3. Durchhaltevermögen und Geduld
4. Innere Stärke und Kraft
5. Der Wunsch und der Wille, Erfolg erreichen zu wollen
6. Ein klarer Verstand, gepaart mit Liebe und Leidenschaft zum Tun
7. Lernbereitschaft und Mut
8. Die Bereitschaft, den Preis für den Erfolg bezahlen zu wollen
9. Die Fähigkeit, Entscheidungen zu treffen
10. Tun – das rechte Handeln und Fleiß
11. Selbstvertrauen und Geisteshaltung

12. Kompromisslos für seine Werte einstehen
13. Die Fähigkeit, Vereinbarungen einzuhalten
14. Die Fähigkeit der Flexibilität
15. Die Fähigkeit der inneren Lebensfreude
16. Ein Bewusstsein für den eigenen Wert und die Fähigkeit, dies einzufordern

Gehe jeden einzelnen Punkt durch. Schreibe auf, was dir bei der Auflistung der 16 Punkte einfällt, was sie mit deinem Leben gemeinsam haben oder was (noch) fehlt. So erkennst du, an welchen Punkten du noch arbeiten musst.

Fange JETZT damit an.

Sei gespannt auf das nächste Buch. Bis dahin schaue gern hier vorbei:

www.go4values.com
und
www.danielaszasz.com

Gutschein:

Bei Buchung meines Seminars Go4-Values[1] (Werte und Erfolg) kannst du als Leser dieses Buches einen Gutschein im Wert von 100 EUR, der als Karte diesem Buch beiliegt, in Anrechnung bringen:

Gutschein
im Wert von 100 EUR

Als Leser meines Buches erhältst du bei Vorlage dieses Gutscheins* eine einmalige Vergünstigung. Anwendbar nur für das „Werte & Erfolg"-Seminar.

Bei Buchung bitte den folgenden Code eingeben:

* Der Code-Gutschein ist nur EINMALIG nutzbar!

Den Code bitte bei Seminaranmeldung eingeben, damit eine sofortige Verrechnung erfolgt.

---

[1] Begrenzt auf ein Seminar und eine Person. Pro Seminar kann ein Gutschein in Anrechnung gebracht werden.

Dieses Buch ist Teil der Go4-Values-Serie:

Darüber hinaus sind von Daniela C. Szasz erschienen:

E-Book (auch als Hörbuch verfügbar)

Quellenverzeichnis:

[1] http://www.diw.de/sixcms/detail.php?id=diw_01.c.376534.de
[2] http://www.mittelstanddirekt.de/home/gruendung_und_nachfolge/nachrichten/hoehere_pleitequote_bei_jungunternehmen_verzeichnet.html
[3] http://www.perspektive-mittelstand.de/Erfolgsstudie-Beruflicher-Erfolg-entscheidet-sich-an-Volution/management-wissen/4408.html
[4] http://www.computerwoche.de/a/erfolgreiche-leben-laenger,2507056
[5] Die Long-Life-Formel (ISBN 978-3407859396)
[6] http://www.duw-berlin.de/de/presse/duw-studien/studie-zur-mitarbeitermotivation.html
[7] http://www.mittelstanddirekt.de/home/strategie_und_management/nachrichten/mangelnde_entscheidungsfreude_deutscher_chef
[8] http://www.innovations-report.de/html/berichte/studien/online_umfrage_www_lohnspiegel_de_verdienen_170271.html
[9] http://www.markengold.de/news/erfahrung-zahlt-sich-aus-top-arbeitgeber-zahlen-3-jahre-nach-abschluss-rund-25-hohere-akademiker-gehalter-%E2%80%93-tendenz-steigend/
[10] http://www.focus.de/wissen/mensch/selbstwertgefuehl-unbeliebte-aufschneider_aid_298018.html
[11] NWZ, 02.05.06

Bildnachweis:
Seiten 1, 4, 6, 11, 17, 19, 23, 27, 31, 33, 35, 41, 46, 48, 55, 57, 60, 64, 67, 69, 81, 84, 94, 98, 100, 101 in Lizenz erworben von Fotolia.com